W0178053

Lieblings-Muffins

Neue Rezepte – verführerisch und vielfältig

Lieblings-
Muffins

Autorin: Christina Kempe
Rezeptfotos: Fotostudio L'EVEQUE

Inhalt

Jeden-Tag-Muffins   6
Die Simplen – Muffins, die Sie ohne großen Aufwand
ruck, zuck gezaubert haben und die immer passen.

Sonntags-Muffins   30
Die Extravaganten – Kleine kulinarische Köstlichkeiten
mit dem gewissen Etwas für besondere Anlässe, gerne auch
mal etwas aufwändiger in der Zubereitung.

Muffins aus aller Welt   58
Die Globetrotter – Inspiriert durch zahlreiche Länder-
küchen versetzen diese Muffins jeden in Urlaubsstimmung.
Reisen Sie Biss für Biss rund um den Globus.

Muffins voll im Trend   82
Die Unschlagbaren – Sie sind »in« und fast schon ein Muss.
Mit diesen Muffins sind Sie ganz am Puls der Zeit.

Pikante Muffins   110
Die Deftigen – Dieses pikante Kleingebäck sorgt nach
so viel Süßem für Abwechslung. Zudem können pikante
Muffins auch mal eine kleine Mahlzeit sein.

Tipps und Tricks für Muffin-Bäcker   132
Die Muffin-Basics   134
Muffins selbst kreieren   136
Was Muffins hübscher macht   137
Dekomaterial   138
Kleines Glossar   139
Register   140
Impressum   144

Jeden-Tag-Muffins

Die Simplen

Lassen Sie sich von Muffins verführen, die Sie völlig unkompliziert »aus dem Ärmel schütteln« können: Einfach den Teig rühren, vorbereitete Extra-Zutaten – Früchte, Nüsse, Schokolade, Gewürze oder auch mal Reis – untermischen, in die Form füllen, backen und fertig.

Genau das Richtige, um sich jeden Tag der Woche ohne Aufwand ein bisschen zu verwöhnen. Ob Bircher-Müsli-Muffins zum Frühstück, Blueberry-Muffins für die Pause zwischendurch oder die Längste-Praline-der-Welt-Muffins zum Nachmittags-kaffee – ein passender Grund findet sich immer.

Honig-Mandel-Muffins

Gelingt leicht
200 g Mandeln, 200 g Honig, 200 g Mehl
2 gehäufte TL Backpulver, 100 g Zucker
200 g saure Sahne, 80 g geschmolzene Butter
4 EL Orangensaft, 1 Prise Salz
2 Eier, Fett fürs Blech

1. Die Mandeln mit kochendem Wasser überbrühen, in ein Sieb abgießen, grob hacken. Mit dem Honig unter Rühren bei starker Hitze in 6–8 Min. einkochen. Abkühlen, aber nicht fest werden lassen. Bei Bedarf nochmals kurz erwärmen.

2. Den Backofen vorheizen. Das Muffinblech dünn fetten. Mehl und Backpulver mischen. Zucker mit saurer Sahne, Butter, Orangensaft und Salz verquirlen. Die Eier einrühren. Die Mehlmischung und Honigmandeln zügig unterrühren.

3. Den Teig in die Blechvertiefungen füllen. Im Backofen bei 180° (Mitte, Umluft 160°) 20–25 Min. backen. 5 Min. im Blech ruhen lassen, herausnehmen und auf einem Kuchengitter auskühlen lassen.

🕐 Zubereitung: 25 Min.

🕐 Backzeit: 25 Min.　　Pro Stück ca.: 325 kcal

Krokant-Muffins

Für Hobbybäcker
100 g Haselnusskerne, 200 g Zucker
100 g Mehl, 1 gehäufter TL Backpulver
150 g gemahlene Haselnüsse
150 g Joghurt, 80 g geschmolzene Butter
100 ml Orangensaft, 1 Prise Salz
2 EL Sherry (ersatzweise Orangensaft)
2 Eier, Fett fürs Blech

1. Haselnusskerne grob hacken. 100 g Zucker in einer Pfanne bei mittlerer Hitze schmelzen und hell karamellisieren lassen. Die Nüsse untermischen. Den Krokant aufs Backpapier streichen und abkühlen lassen.

2. Backofen vorheizen. Das Muffinblech dünn fetten. Den Krokant hacken und je 1 EL in den Blechvertiefungen verteilen. Mehl, Backpulver und gemahlene Nüsse mischen. 100 g Zucker mit Joghurt, Butter, Orangensaft, Salz und Sherry verquirlen. Eier einrühren. Die Mehlmischung und übrigen Krokant zügig unterrühren.

3. Den Teig in die Blechvertiefungen füllen. Im Backofen bei 180° (Mitte, Umluft 160°) 20–25 Min. backen. Die Muffins möglichst rasch aus der Form lösen, damit der Karamell nicht schon fest ist. Falls nötig, das Blech kurz auf den Ofenboden stellen. Auskühlen lassen.

🕐 Zubereitung: 25 Min.

🕐 Backzeit: 25 Min.　　Pro Stück ca.: 310 kcal

Vanille-Muffins

Gelingt leicht

250 g Mehl, 2 gehäufte TL Backpulver
100 g Zucker, 4 Päckchen Bourbon Vanillezucker
150 g Crème fraîche, 80 g geschmolzene Butter
6 EL Milch, Mark von 2 Vanilleschoten
1 Prise Salz, 2 Eier
Für die Garnitur:
100 g Puderzucker
1 Päckchen Bourbon Vanillezucker
3–4 EL Zitronensaft, Fett fürs Blech

1. Den Backofen vorheizen. Das Muffinblech dünn fetten. Mehl und Backpulver mischen. Zucker und Vanillezucker mit Crème fraîche, Butter, Milch, Vanillemark und Salz verquirlen. Die Eier einrühren. Die Mehlmischung zügig unterrühren.

2. Den Teig in die Blechvertiefungen füllen. Im Backofen bei 180° (Mitte, Umluft 160°) 20–25 Min. backen. 5 Min. im Blech ruhen lassen, herausnehmen und auf einem Kuchengitter auskühlen lassen.

3. Für die Garnitur Puderzucker, Vanillezucker und Zitronensaft zu einem Guss verrühren und die Muffins damit überziehen. Trocknen lassen.

○ Zubereitung: 20 Min.

○ Backzeit: 25 Min.   Pro Stück ca.: 270 kcal

Garam-masala-Muffins

Gelingt leicht

150 g Litschis (aus der Dose), 200 g Mehl
2 gehäufte TL Backpulver, 150 g Zucker
200 g Crème fraîche, 80 g geschmolzene Butter
1 TL Garam masala (indische Gewürzmischung,
ersatzweise gemahlener Kardamom oder Koriander)
1 Prise Salz, 2 Eier
Für die Garnitur:
50 g Puderzucker, 1/2 TL Garam masala, Fett fürs Blech

1. Den Backofen vorheizen. Das Muffinblech dünn fetten. Die Litschis in einem Sieb abtropfen lassen, dabei für die Garnitur etwa 2 EL Saft auffangen. Mehl und Backpulver mischen. Zucker mit Crème fraîche, Butter, Garam masala und Salz verquirlen. Die Eier einrühren. Mehlmischung und Litschis zügig unterrühren.

2. Den Teig in die Blechvertiefungen füllen. Im Backofen bei 180° (Mitte, Umluft 160°) 20–25 Min. backen. 5 Min. im Blech ruhen lassen, herausnehmen und auf einem Kuchengitter auskühlen lassen. Für die Garnitur Puderzucker mit Litschisaft oder Wasser und Garam masala verrühren. Mit einem Löffel in Linien über die Muffins ziehen. Trocknen lassen.

○ Zubereitung: 20 Min.

○ Backzeit: 25 Min.   Pro Stück ca.: 350 kcal

Gelingt leicht
200 g Crunchy-Karamell-Schokolade (ersatzweise Krokant-Schokolade)
1 kleine Birne (etwa 120 g)
200 g Mehl
2 gehäufte TL Backpulver
100 g Zucker, 200 g saure Sahne
80 g geschmolzene Butter
1 Prise Salz, 2 Eier
Für die Garnitur:
50 g Crunchy-Karamell-Schokolade (ersatzweise Krokant-Schokolade)
12 Papierförmchen oder Fett fürs Blech
Backpapier

Tipp

Die Schokolade können Sie auch zur Hälfte durch Mandelsplitter oder Pinienkerne ersetzen.

Schoko-Crunch-Muffins

1. Den Backofen vorheizen. Die Papierförmchen in die Vertiefungen des Muffinblechs setzen oder das Blech dünn fetten.

2. Die Schokolade grob hacken. Die Birne schälen, vierteln, entkernen und grob raspeln. Mehl und Backpulver mischen.

3. Den Zucker mit saurer Sahne, Butter und Salz verquirlen. Die Eier einrühren. Die Mehlmischung, Schokoladenstücke und Birnenraspel zügig unterrühren.

4. Den Teig in die Blechvertiefungen füllen. Im Backofen bei 180° (Mitte, Umluft 160°) 20–25 Min. backen. 5 Min. im Blech ruhen lassen, herausnehmen und auf einem Kuchengitter auskühlen lassen.

5. Für die Garnitur die Schokolade grob hacken und im Wasserbad schmelzen lassen. Mit einer Palette oder einer breiten, biegsamen Messerklinge möglichst dünn kreisförmig aufs Backpapier streichen. Trocknen lassen. Die Schokoplättchen vorsichtig abheben und die Muffins damit garnieren.

🕐 Zubereitung: 30 Min.

🕐 Backzeit: 25 Min.

Pro Stück ca.: 265 kcal

Gelingt leicht
1 großer Apfel (etwa 160 g)
Saft von 1 Zitrone
50 g Mandeln
50 g kernige Haferflocken
175 g Zucker
200 g Mehl
2 gehäufte TL Backpulver
200 g saure Sahne
80 g geschmolzene Butter
1 Prise Salz
2 Eier
Für die Garnitur:
40 g kernige Haferflocken
1–2 EL Puderzucker
12 Papierförmchen oder Fett fürs Blech

Bircher-Müsli-Muffins

1. Den Apfel waschen, vierteln, entkernen und grob raspeln. Mit dem Zitronensaft mischen. Die Mandeln fein hacken und mit den Haferflocken und 25 g Zucker untermischen. 1 Std. marinieren.

2. Den Backofen vorheizen. Die Papierförmchen in die Vertiefungen des Muffinblechs setzen oder das Blech dünn fetten.

3. Mehl und Backpulver mischen. 150 g Zucker mit saurer Sahne, Butter und Salz verquirlen. Die Eier einrühren. Die Mehl- und die Haferflockenmischung zügig unterrühren.

4. Den Teig in die Blechvertiefungen füllen. Im Backofen bei 180° (Mitte, Umluft 160°) 20–25 Min. backen. 5 Min. im Blech ruhen lassen, herausnehmen und auf einem Kuchengitter auskühlen lassen.

5. Für die Garnitur die Haferflocken in einer Pfanne ohne Fett unter Rühren bei starker Hitze rösten, bis sie duften. Den Puderzucker darüber stäuben und karamellisieren lassen, dabei ständig weiterrühren. Die knusprigen Flocken auf die Muffins streuen.

🕐 Zubereitung: 25 Min.

🕐 Backzeit: 25 Min.

🕐 Marinierzeit: 1 Std.

Pro Stück ca.: 280 kcal

Gelingt leicht
70 g Basmati-Wildreis-Mischung
2 Päckchen Vanillezucker
250 g Aprikosen
100 g Mehl
2 gehäufte TL Backpulver
100 g Zucker
200 g saure Sahne
80 g geschmolzene Butter
1 Prise Salz
2 Eier
Für die Garnitur:
1–2 EL Puderzucker
12 Papierförmchen oder
Fett fürs Blech

Wildreis-Aprikosen-Muffins

1. Die Reismischung mit 140 ml Wasser und Vanillezucker aufkochen. Im geschlossenen Topf 20 Min. bei geringer Hitze quellen lassen. Abkühlen lassen.

2. Den Backofen vorheizen. Die Papierförmchen in die Vertiefungen des Muffinblechs setzen oder das Blech dünn fetten.

3. Die Aprikosen waschen, halbieren, entsteinen und in grobe Würfel schneiden. Unter den Reis rühren. Mehl und Backpulver mischen.

4. Den Zucker mit saurer Sahne, Butter und Salz verquirlen. Die Eier einrühren. Die Mehl- und die Reis-Aprikosen-Mischung zügig unterrühren.

5. Den Teig in die Blechvertiefungen füllen. Im Backofen bei 180° (Mitte, Umluft 160°) 20–25 Min. backen. 5 Min. im Blech ruhen lassen, herausnehmen und auf einem Kuchengitter auskühlen lassen.

6. Für die Garnitur aus Papier Streifen (20 x 5 mm) schneiden und mit etwas Abstand auf die Muffins legen. Dünn mit Puderzucker bestäuben. Die Streifen vorsichtig abheben und quer dazu wieder auflegen. Nochmals mit Puderzucker bestäuben und die Papierstreifen entfernen.

Tipp

Falls Sie keine Basmati-Wildreis-Mischung bekommen, Basmati-Reis pur verwenden. Oder versuchen Sie einmal thailändischen Duftreis, der den Muffins ein ganz spezielles feines Aroma verleiht. Sehr gut sind auch roter Reis oder Naturreis. Probieren Sie einfach unterschiedliche Reissorten aus. So finden Sie schnell Ihren Liebling. Achten Sie jedoch darauf, dass es sich um Lang- oder Mittelkornreis handelt. Rundkornreis ist nicht geeignet. Außerdem auf die auf der Packung angegebene Garzeit achten und eventuell die Wassermenge anpassen.

🕐 Zubereitung: 20 Min.

🕐 Backzeit: 25 Min.

🕐 Garzeit: 20 Min.

Pro Stück ca.: 185 kcal

Gelingt leicht
250 g Mehl
2 gehäufte TL Backpulver
10 lange Schokoladen-Waffel-Riegel (mit Nougatfüllung, etwa 180 g)
150 g Zucker
200 g Schmand
150 g geschmolzene Butter
2 TL abgeriebene Schale einer unbehandelten Orange
1 Prise Salz
2 Eier
Für die Garnitur:
100 g Vollmilchkuvertüre
6 lange Schokoladen-Waffel-Riegel (mit Nougatfüllung, etwa 110 g)
12 Papierförmchen oder Fett fürs Blech

Längste-Praline-der-Welt-Muffins

1. Den Backofen vorheizen. Die Papierförmchen in die Vertiefungen des Muffinblechs setzen oder das Blech dünn fetten. Mehl und Backpulver mischen. Die Schokoriegel in 1–2 cm lange Stücke schneiden.

2. Den Zucker mit Schmand, Butter, Orangenschale und Salz verquirlen. Die Eier einrühren. Die Mehlmischung zügig unterrühren.

3. Je 1 EL Teig in die Blechvertiefungen füllen. Die Schokoriegel-stücke hineindrücken und den übrigen Teig darüber verteilen. Im Backofen bei 180° (Mitte, Umluft 160°) 20–25 Min. backen. 5 Min. im Blech ruhen lassen, herausnehmen und auf einem Kuchengitter auskühlen lassen.

4. Für die Garnitur die Kuvertüre fein hacken und im Wasserbad schmelzen lassen. In einen Gefrierbeutel füllen und eine kleine Ecke abschneiden. Die Muffins mit dünnen Linien verzieren. Schokoriegel längs halbieren und darauf setzen.

⏱ Zubereitung: 25 Min.	
⏱ Backzeit: 25 Min.	Pro Stück ca.: 415 kcal

Gelingt leicht
200 g Sahne-Toffees
1 kleiner Apfel (etwa 120 g)
200 g Mehl
2 gehäufte TL Backpulver
100 g Zucker
200 g Schmand
80 g geschmolzene Butter
1 Prise Salz
2 Eier
Für die Garnitur:
6 Sahne-Toffees (etwa 60 g)
12 Papierförmchen oder Fett fürs Blech

Sahne-Toffee-Muffins

1. Den Backofen vorheizen. Die Papierförmchen in die Vertiefungen des Muffinblechs setzen oder das Blech dünn fetten.

2. Die Sahne-Toffees grob hacken. Den Apfel schälen, vierteln, entkernen und grob raspeln. Mehl und Backpulver mischen.

3. Den Zucker mit Schmand, Butter und Salz verquirlen. Die Eier einrühren. Die Mehlmischung, Toffeestücke und Apfelraspel zügig unterrühren.

4. Den Teig in die Blechvertiefungen füllen. Im Backofen bei 180° (Mitte, Umluft 160°) 20–25 Min. backen. 5 Min. im Blech ruhen lassen, herausnehmen und auf einem Kuchengitter auskühlen lassen.

5. Für die Garnitur die Sahne-Toffees längs in hauchdünne Scheiben schneiden und die Muffins damit dekorieren.

⏱ Zubereitung: 25 Min.	
⏱ Backzeit: 25 Min.	Pro Stück ca.: 315 kcal

Gelingt leicht
6 große unbehandelte Limetten
360 g Zucker
250 g Mehl
2 gehäufte TL Backpulver
150 g saure Sahne
80 g geschmolzene Butter
1 Prise Salz
2 Eier
12 Papierförmchen oder
Fett fürs Blech

Limetten-Sauerrahm-Muffins

1. 4 Limetten auspressen und den Saft mit Wasser auf 200 ml auffüllen. Den Saft mit 200 g Zucker aufkochen lassen. Bei starker Hitze in etwa 20 Min. siruparartig auf 150 ml einkochen. Vom Herd nehmen und abkühlen lassen.

2. Den Backofen vorheizen. Die Papierförmchen in die Vertiefungen des Muffinblechs setzen oder das Blech dünn fetten.

3. Mehl und Backpulver mischen. 100 g Zucker mit saurer Sahne, Butter, Limettensirup und Salz verquirlen. Die Eier einrühren. Die Mehlmischung zügig unterrühren.

4. Den Teig in die Blechvertiefungen füllen. Im Backofen bei 180° (Mitte, Umluft 160°) 20–25 Min. backen.

5. 2 Limetten gründlich waschen, abtrocknen und die Schale dünn abreiben oder hauchdünn abschälen und in feine Streifen schneiden. Den Saft auspressen. Limettensaft, -schale und 60 g Zucker verrühren.

6. Die Muffins aus dem Ofen nehmen und sofort nach und nach mit dem Limettenzucker beträufeln. 5 Min. im Blech ruhen lassen, herausnehmen und auf einem Kuchengitter auskühlen lassen.

Tipp

Ebenso fein schmecken diese leicht säuerlichen Muffins mit anderen Zitrusfrüchten: Für den Teig den Saft von 2 Orangen oder Zitronen mit Wasser auf 200 ml auffüllen und zu Sirup einkochen. Wie beschrieben fortfahren. Zum Tränken die Schale und den Saft von 1 unbehandelten Orange oder Zitrone mit 60 g Zucker mischen und über die noch heißen Muffins träufeln.

🕐 Zubereitung: 20 Min.

🕐 Backzeit: 25 Min.

🕐 Garzeit: 20 Min.

Pro Stück ca.: 280 kcal

Feigen-Quark-Muffins

Gelingt leicht
200 g getrocknete Soft-Feigen
50 ml Orangensaft
200 g Mehl
2 gehäufte TL Backpulver
150 g Zucker
250 g Magerquark
80 g geschmolzene Butter
1 Prise Salz
1 Ei
12 Papierförmchen oder
Fett fürs Blech

1. Die Feigen in grobe Würfel schneiden. Den Orangensaft erhitzen, über die Feigen gießen und abgedeckt 15 Min. durchziehen lassen.

2. Den Backofen vorheizen. Die Papierförmchen in die Vertiefungen des Muffinblechs setzen oder das Blech dünn fetten.

3. Mehl und Backpulver mischen. Zucker mit Quark, Butter und Salz verquirlen. Das Ei einrühren. Die Mehlmischung und die Feigenwürfel mit dem Orangensaft zügig unterrühren.

4. Den Teig in die Blechvertiefungen füllen. Im Backofen bei 180° (Mitte, Umluft 160°) 20–25 Min. backen. 5 Min. im Blech ruhen lassen, herausnehmen und auf einem Kuchengitter auskühlen lassen.

Tipp

Genauso lecker: Die Feigen durch die gleiche Menge getrocknete Datteln, Aprikosen oder Rosinen ersetzen (letztere müssen nicht zerkleinert werden).

🕐 Zubereitung: 20 Min.
🕐 Backzeit: 25 Min.

🕐 Marinierzeit: 15 Min.
Pro Stück ca.: 230 kcal

Pflaumen-Joghurt-Muffins

Gelingt leicht
12 Pflaumen (je 40 g)
200 g Mehl
2 TL Backpulver
100 g Zucker
2 Päckchen Vanillezucker
200 g Joghurt
100 g geschmolzene Butter
1 Prise Salz
2 Eier
Für die Garnitur:
2 EL Puderzucker
12 Papierförmchen oder
Fett fürs Blech

1. Den Backofen vorheizen. Die Papierförmchen in die Vertiefungen des Muffinblechs setzen oder das Blech dünn fetten.

2. Die Pflaumen waschen, halbieren, entsteinen und wieder zusammensetzen. Am Stielansatz 1 cm tief einschneiden, sodass ein Kreuz entsteht.

3. Mehl und Backpulver mischen. Zucker und Vanillezucker mit Joghurt, Butter und Salz verquirlen. Die Eier einrühren. Die Mehlmischung zügig unterrühren. Teig in die Blechvertiefungen füllen. Pflaumen mit dem Kreuz nach oben tief hineindrücken.

4. Im Backofen bei 180° (Mitte, Umluft 160°) 20–25 Min. backen. 5 Min. im Blech ruhen lassen, herausnehmen und auf einem Kuchengitter lauwarm abkühlen lassen.

5. Die Muffins mit Puderzucker bestäuben und sofort servieren.

Tipp

Besonders lecker schmecken diese Muffins mit einer luftigen Vanille- oder Weinschaumsauce.

🕐 Zubereitung: 20 Min.
🕐 Backzeit: 25 Min.

Pro Stück ca.: 205 kcal

Erdbeer-Basilikum-Muffins

Gelingt leicht
350 g kleine Erdbeeren
10 große Basilikumblätter
2 Päckchen Vanillezucker
2 EL Balsamico bianco
200 g Mehl
2 gehäufte TL Backpulver
150 g Zucker
200 g Crème fraîche
80 g geschmolzene Butter
1 Prise Salz
2 Eier
Für die Garnitur:
6 Erdbeeren
1 Eiweiß
etwas Zucker
12 Papierförmchen oder
Fett fürs Blech

1. Die Erdbeeren waschen, trockentupfen und entkelchen. Basilikum in feine Streifen schneiden und mit Vanillezucker und Essig verrühren. Die Erdbeeren damit beträufeln und abgedeckt 30 Min. marinieren.

2. Den Backofen vorheizen. Die Papierförmchen in die Vertiefungen des Muffinblechs setzen oder das Blech dünn fetten.

3. Mehl und Backpulver mischen. Zucker mit Crème fraîche, Butter und Salz verquirlen. Die Eier einrühren. Die Mehlmischung zügig unterrühren.

4. Je 1 EL Teig in die Blechvertiefungen füllen. Die Erdbeeren darauf verteilen und leicht eindrücken. Mit der Marinade beträufeln und mit dem restlichen Teig bedecken. Im Backofen bei 180° (Mitte, Umluft 160°) 20–25 Min. backen. 5 Min. im Blech ruhen lassen, herausnehmen und auf einem Kuchengitter auskühlen lassen.

5. Für die Garnitur die Erdbeeren waschen, trockentupfen und entkelchen (wer mag). Die Früchte dünn mit Eiweiß bepinseln und mit Zucker bestreuen. Trocknen lassen. Halbieren und jedes Muffin mit 1 Beerenhälfte dekorieren.

Zubereitung: 20 Min.
Backzeit: 25 Min.
Marinierzeit: 30 Min.
Pro Stück ca.: 255 kcal

Birnen-Pfeffer-Muffins

Gelingt leicht
2 EL rosa Pfefferkörner
2 Birnen (etwa 400 g)
2 EL Birnenbrand (ersatzweise Birnensaft)
Saft von 1/2 Zitrone
180 g + 2 EL Zucker
Mark von 1 Vanilleschote
200 g Mehl
2 gehäufte TL Backpulver
200 g Schmand
80 g geschmolzene Butter
1 Prise Salz
2 Eier
Für die Garnitur:
1 Birne (etwa 200 g)
1–2 EL Puderzucker
12 Papierförmchen oder
Fett fürs Blech

1. Den Pfeffer im Mörser zerstoßen. Die Birnen schälen, vierteln, entkernen und in 1 cm große Würfel schneiden. Beides mit Birnenbrand, Zitronensaft, 2 EL Zucker und Vanillemark verrühren. Abgedeckt 30 Min. marinieren.

2. Den Backofen vorheizen. Die Papierförmchen in die Vertiefungen des Muffinblechs setzen oder das Blech dünn fetten. Die Birnen in einem Sieb abtropfen lassen, dabei die Marinade auffangen.

3. Mehl und Backpulver mischen. Zucker mit Schmand, Butter, Marinade und Salz verquirlen. Die Eier einrühren. Die Mehlmischung und die Birnen zügig unterrühren.

4. Den Teig in die Blechvertiefungen füllen. Im Backofen bei 180° (Mitte, Umluft 160°) 20–25 Min. backen. 5 Min. im Blech ruhen lassen, herausnehmen und auf einem Kuchengitter auskühlen lassen.

5. Die Ofentemperatur auf 230° (Oberhitze) erhöhen. Die Birne waschen, längs in dünne Scheiben schneiden und auf ein mit Backpapier belegtes Blech legen. Mit dem Puderzucker bestäuben. Im Ofen (oben) in etwa 5 Min. goldbraun werden lassen. Die Muffins damit dekorieren.

Zubereitung: 35 Min.
Backzeit: 25 Min.
Marinierzeit: 30 Min.
Pro Stück ca.: 260 kcal

Gelingt leicht
24 große Süßkirschen (240 g)
200 g Marzipan
200 g Mehl
2 gehäufte TL Backpulver
100 g Zucker
2 Päckchen Vanillezucker
200 g Joghurt
80 g geschmolzene Butter
4 EL Kirschwasser (ersatzweise Milch)
1 Prise Salz
2 Eier
Für die Garnitur:
12 Süßkirschen (mit schönem Stiel und eventuell Blatt)
20 g Marzipan
Puderzucker zum Arbeiten
12 Papierförmchen oder Fett fürs Blech

Kirsch-Marzipan-Muffins

1. Die Kirschen waschen, trockentupfen, entstielen und entsteinen. Das Marzipan in 24 Stücke teilen. Die Stücke in der leicht mit Puderzucker bestäubten Handfläche flach drücken. Je 1 Kirsche damit umhüllen.

2. Den Backofen vorheizen. Die Papierförmchen in die Vertiefungen des Muffinblechs setzen oder das Blech dünn fetten.

3. Mehl und Backpulver mischen. Zucker und Vanillezucker mit Joghurt, Butter, Kirschwasser und Salz verquirlen. Die Eier einrühren. Die Mehlmischung zügig unterrühren.

4. Je 1 EL Teig in die Blechvertiefungen füllen. Je 2 Kirschen hineinsetzen, leicht eindrücken und den übrigen Teig darauf verteilen. Im Backofen bei 180° (Mitte, Umluft 160°) 20–25 Min. backen. 5 Min. im Blech ruhen lassen, herausnehmen und auf einem Kuchengitter auskühlen lassen.

5. Für die Garnitur die Kirschen waschen und vorsichtig entsteinen, nicht entstielen. Das Marzipan zu kleinen Kugeln formen und in die Kernhöhlungen setzen. Die Muffins damit dekorieren.

🕐 Zubereitung: 40 Min.

🕐 Backzeit: 25 Min.　　Pro Stück ca.: 275 kcal

Gelingt leicht
100 g Mehl
1 gehäufter TL Backpulver
2 Eier
130 g Zucker
100 g Crème fraîche
40 g geschmolzene Butter
2 EL Kokoslikör (ersatzweise Kokosmilch oder Milch)
2 Prisen Salz
12 Kugeln Kokos-Mandel-Konfekt (etwa 120 g)
120 g Kokosflocken
12 Papierförmchen oder Fett fürs Blech

Tipp

Der Kokosschnee lässt sich am besten mit angefeuchteten Händen auf die Muffins häufen.

Kokos-Baiser-Muffins

1. Den Backofen vorheizen. Die Papierförmchen in die Vertiefungen des Muffinblechs setzen oder das Blech dünn fetten.

2. Mehl und Backpulver mischen. Die Eier trennen. 50 g Zucker mit Crème fraîche, Butter, Likör und 1 Prise Salz verquirlen. Die Eigelbe einrühren. Die Mehlmischung zügig unterrühren.

3. Den Teig in die Blechvertiefungen füllen, je 1 Kugel Kokos-Mandel-Konfekt hineindrücken. Im Backofen bei 180° (Mitte, Umluft 160°) 10 Min. backen.

4. Inzwischen die Eiweiße mit 1 Prise Salz steif schlagen. 80 g Zucker unter Rühren einrieseln lassen und weiterschlagen, bis die Masse glänzt. Die Kokosflocken vorsichtig unterheben.

5. Das Muffinblech ein wenig aus dem Ofen ziehen und den Kokosschnee auf die Muffins häufen. Die Muffins in 10–15 Min. fertig backen. 5 Min. im Blech ruhen lassen, herausnehmen und auf einem Kuchengitter auskühlen lassen.

🕐 Zubereitung: 25 Min.

🕐 Backzeit: 25 Min.　　Pro Stück ca.: 245 kcal

Gelingt leicht

**2 Hand voll frische Lavendel-
blätter (gibt's am Kräuterstand auf
dem Obst- und Gemüsemarkt oder
beim Gärtner; ersatzweise
1 Hand voll getrockneten Lavendel
aus dem Kräuterladen oder der
Apotheke)
200 g Sahne
250 g Mehl
2 gehäufte TL Backpulver
150 g Zucker
1 Päckchen Vanillezucker
200 g Joghurt
80 g geschmolzene Butter
1 Prise Salz
2 Eier
12 Papierförmchen oder
Fett fürs Blech**

Ein-Hauch-von-Provence-Muffins

1. Die Lavendelblätter waschen, trockentupfen und mit der Sahne aufkochen. Bei mittlerer Hitze in 6–8 Min. auf die Hälfte (100 ml) einkochen und Aroma nehmen lassen. Abkühlen lassen.

2. Den Backofen vorheizen. Die Papierförmchen in die Vertiefungen des Muffinblechs setzen oder das Blech dünn fetten. Die Lavendelsahne durch ein Sieb abgießen und auffangen.

3. Mehl und Backpulver mischen. Zucker und Vanillezucker mit Joghurt, Butter, Lavendelsahne und Salz verquirlen. Die Eier einrühren. Die Mehlmischung zügig unterrühren.

4. Den Teig in die Blechvertiefungen füllen. Im Backofen bei 180° (Mitte, Umluft 160°) 20–25 Min. backen. 5 Min. im Blech ruhen lassen, herausnehmen und auf einem Kuchengitter auskühlen lassen.

Tipp

Soll das Lavendelaroma noch intensiver werden, die Sahne bereits am Vorabend kochen und abgedeckt über Nacht im Kühlschrank ziehen lassen.

Als Farbtupfer können Sie zusätzlich noch 1–2 EL frische oder getrocknete Lavendelblüten unter den Teig mischen.

Hübsch anzusehen: 100 g Puderzucker mit 3–4 EL Süßwein oder Wasser verrühren und die Muffins damit bestreichen. 2–3 EL frische oder getrocknete Lavendelblüten darauf streuen oder je 1 ganze Blütenähre darauf legen. Trocknen lassen. Alternativ einige Lavendelblätter dünn mit Eiweiß bestreichen, mit Zucker bestreuen und trocknen lassen. Die Muffins damit garnieren.

Zubereitung: 15 Min.

Backzeit: 25 Min.

Garzeit: 8 Min.

Pro Stück ca.: 250 kcal

Gelingt leicht
150 ml Apfelsaft
**2 Briefchen Safranfäden (0,2 g,
ersatzweise gemahlener Safran)**
100 g Pinienkerne
250 g Mehl
2 gehäufte TL Backpulver
150 g Zucker
150 g Schmand
80 g geschmolzene Butter
1 Prise Salz
2 Eier
**12 Papierförmchen oder
Fett fürs Blech**

Safran-Pinienkern-Muffins

1. Den Apfelsaft erwärmen und die Safranfäden darin 5 Min. ziehen lassen. Die Pinienkerne bei mittlerer Hitze in einer Pfanne ohne Fett goldbraun rösten.

2. Den Backofen vorheizen. Die Papierförmchen in die Vertiefungen des Muffinblechs setzen oder das Blech dünn fetten.

3. Mehl und Backpulver mischen. Zucker mit Schmand, Butter und Salz verquirlen. Die Eier einrühren. Die Mehlmischung, den Apfel-Safran-Saft und die Pinienkerne zügig unterrühren.

4. Den Teig in die Blechvertiefungen füllen. Im Backofen bei 180° (Mitte, Umluft 160°) 20–25 Min. backen. 5 Min. im Blech ruhen lassen, herausnehmen und auf einem Kuchengitter auskühlen lassen.

Tipp

Vor dem Backen zusätzlich einige Pinienkerne auf den Teig streuen – das macht die Muffins noch feiner.

🕐 Zubereitung: 15 Min.

🕐 Backzeit: 25 Min. | Pro Stück ca.: 280 kcal

Für Hobbybäcker
400 g Maronen
40 g Puderzucker
200 g Mehl
2 gehäufte TL Backpulver
100 g Zucker
200 g Crème fraîche
80 g geschmolzene Butter
60 ml Orangensaft
1 Prise Salz
2 Eier
**12 Papierförmchen oder
Fett fürs Blech**

Geröstete Maronen-Muffins

1. Den Backofen vorheizen. Die Maronen kreuzweise einschneiden. Im Backofen bei 220° (Mitte, Umluft 200°) 15–20 Min. rösten, bis die Schalen aufplatzen. Kurz abkühlen lassen.

2. Die Ofentemperatur auf 180° (Umluft 160°) reduzieren. Die Papierförmchen in die Vertiefungen des Muffinblechs setzen oder das Blech dünn fetten.

3. Die Maronen von der harten Schale und der dünnen inneren Haut befreien und grob zerkleinern. In einer Pfanne mit Puderzucker bestäuben. Bei mittlerer Hitze unter Rühren etwa 2 Min. rösten, bis der Zucker karamellisiert.

4. Mehl und Backpulver mischen. Zucker mit Crème fraîche, Butter, Orangensaft und Salz verquirlen. Die Eier einrühren. Die Mehlmischung und die Maronen zügig unterrühren.

5. Den Teig in die Blechvertiefungen füllen. Im Backofen (Mitte) 20–25 Min. backen. 5 Min. im Blech ruhen lassen, herausnehmen und auf einem Kuchengitter auskühlen lassen.

🕐 Zubereitung: 20 Min.

🕐 Backzeit: 20 Min. + 25 Min. | Pro Stück ca.: 290 kcal

Gelingt leicht
200 g Mehl
2 gehäufte TL Backpulver
400 g saure Sahne
2 Päckchen Vanillezucker
150 g Zucker
80 g geschmolzene Butter
1 Prise Salz
2 Eier
300 g tiefgekühlte Heidelbeeren
24 Papierförmchen oder
Fett fürs Blech

Blueberry-Muffins

1. Den Backofen vorheizen. Je 2 Papierförmchen in die Vertiefungen des Muffinblechs setzen oder das Blech dünn fetten.

2. Mehl und Backpulver mischen. 200 g saure Sahne und den Vanillezucker kräftig zu einem Guss verrühren.

3. Zucker mit 200 g saurer Sahne, Butter und Salz verquirlen. Die Eier einrühren. Die Mehlmischung und 200 g Heidelbeeren (nicht aufgetaut!) zügig unterrühren.

4. Den Teig in die Blechvertiefungen füllen. 100 g Heidelbeeren (ebenfalls nicht aufgetaut!) darauf streuen und den Guss gleichmäßig darüber verteilen.

5. Die Muffins im Backofen bei 180° (Mitte, Umluft 160°) etwa 25 Min. backen. 5 Min. im Blech ruhen lassen, herausnehmen und auf einem Kuchengitter auskühlen lassen.

Tipp

Natürlich können Sie statt der tiefgekühlten Heidelbeeren auch frische verwenden. Beeren aus dem Glas eignen sich dagegen nicht.

Variante

Wer mag, bestreut die Blueberry-Muffins sofort nach dem Backen mit 1 Päckchen Vanillezucker. Statt der Heidelbeeren können Sie auch Himbeeren oder Brombeeren verwenden oder die Muffins mit einer bunten Beerenmischung zubereiten.
Zu den Muffins schmeckt eine Beerensahne: 50 g Beeren auftauen lassen und pürieren. 200 g Sahne mit 2 Päckchen Vanillezucker steif schlagen und das Beerenpüree sowie 50 g aufgetaute Beeren – wer mag – unterziehen.

🕐 Zubereitung: 15 Min.

🕐 Backzeit: 25 Min. | Pro Stück ca.: 240 kcal

Sonntags-Muffins

Die Extravaganten

Besondere Anlässe wie Geburtstag, Umzug oder
Jobwechsel sind Grund genug für eine kleine Party.
Aber ebenso lädt man an Feiertagen oder ganz
spontan Gäste ein – und begeistert sie mit kleinen
kulinarischen, gerne auch etwas aufwändigeren
Köstlichkeiten.

So können Süße-Sünde-Muffins oder Croissant-
Zwetschgen-Muffins die Krönung eines Menüs sein.
Geminzte Ananas-Muffins oder Blind-date-Muffins
überraschen mit ihrem ungewöhnlichen Aroma und
dem gewissen Etwas. Und für Muffins »Melba« oder
»Helene« lassen alle bestimmt jedes Eis sausen.

Portwein-Schoko-Muffins

Gelingt leicht
150 g Zartbitterschokolade
80 g Butter, 140 ml Portwein
200 g Mehl, 2 gehäufte TL Backpulver
150 g Zucker, 150 g Schmand
1 Prise Salz, 2 Eier
Fett fürs Blech

1. Den Backofen vorheizen. Das Muffinblech dünn fetten. Die Schokolade mit Butter und 80 ml Portwein bei geringer Hitze unter Rühren schmelzen lassen.

2. Mehl und Backpulver mischen. Zucker mit Schmand, der Schokomasse und Salz verquirlen. Die Eier einrühren. Mehlmischung zügig unterrühren.

3. Den Teig in die Blechvertiefungen füllen. Im Backofen bei 180° (Mitte, Umluft 160°) etwa 15 Min. backen. 5 Min. im Blech ruhen lassen, herausnehmen und mit 60 ml Portwein beträufeln. Auf einem Kuchengitter auskühlen lassen.

⏱ Zubereitung: 15 Min.	
⏱ Backzeit: 15 Min.	Pro Stück ca.: 280 kcal

Pastis-Flip-Muffins

Gelingt leicht
250 g Mehl, 2 gehäufte TL Backpulver
150 g Zucker, 150 g saure Sahne
80 g geschmolzene Butter
100 ml Weißwein, 1 TL Anissamen
1 Prise Salz, 2 Eier
Für die Garnitur:
100 g Puderzucker, 4 EL Pastis (Anisbrand)
frisch geriebene Muskatnuss
Fett fürs Blech

1. Den Backofen vorheizen. Das Muffinblech dünn fetten. Mehl und Backpulver mischen. Zucker mit saurer Sahne, Butter, Wein, Anis und Salz verquirlen. Die Eier einrühren. Die Mehlmischung zügig unterrühren.

2. Den Teig in die Blechvertiefungen füllen. Im Backofen bei 180° (Mitte, Umluft 160°) 20–25 Min. backen. 5 Min. im Blech ruhen lassen, herausnehmen und auf einem Kuchengitter auskühlen lassen.

3. Für die Garnitur Puderzucker und Pastis zu einem Guss verrühren. Die Muffins damit bestreichen und mit Muskat bestäuben. Trocknen lassen.

⏱ Zubereitung: 15 Min.	
⏱ Backzeit: 25 Min.	Pro Stück ca.: 255 kcal

Orangen-Mohn-Muffins

Gelingt leicht
100 g kandierte Orangen (ersatzweise Orangeat)
200 g Mehl, 2 gehäufte TL Backpulver, 100 g Zucker
200 g saure Sahne, 80 g geschmolzene Butter
250 g Mohn-Back, 1 Prise Salz, 2 Eier
Für die Garnitur:
1 Eiweiß, 150 g Puderzucker, 1 EL Mohn-Back
Fett fürs Blech

1. Den Backofen vorheizen. Das Muffinblech dünn fetten. Die Orangen fein würfeln. Mehl und Backpulver mischen. Zucker mit saurer Sahne, Butter, Mohn und Salz verquirlen. Die Eier einrühren. Die Mehlmischung und die Orangen zügig unterrühren.

2. Den Teig in die Blechvertiefungen füllen. Im Backofen bei 180° (Mitte, Umluft 160°) 20–25 Min. backen. 5 Min. im Blech ruhen lassen, herausnehmen und auf einem Kuchengitter auskühlen lassen.

3. Für die Garnitur Eiweiß mit Puderzucker zu einer dicklichen Glasur aufschlagen, Mohn unterrühren. Die Muffins damit überziehen. Trocknen lassen.

⏱ Zubereitung: 15 Min.	
⏱ Backzeit: 25 Min.	Pro Stück ca.: 315 kcal

Geminzte Ananas-Muffins

Gelingt leicht
1 Dose Ananasstücke (Abtropfgewicht 340 g)
200 g Mehl, 2 gehäufte TL Backpulver, 100 g Zucker
2 Päckchen Vanillezucker, 200 g Joghurt
80 g geschmolzene Butter, 1/4 TL gemahlener Piment
1 Prise Salz, 2 Eier
Für die Garnitur:
50 g Zucker, 1 Hand voll Minzeblätter, Fett fürs Blech

1. Backofen vorheizen. Das Muffinblech dünn fetten. Die Ananasstücke in einem Sieb abtropfen lassen, dabei den Saft auffangen. Mehl und Backpulver mischen. Zucker und Vanillezucker mit Joghurt, Butter, Piment und Salz verquirlen. Die Eier einrühren. Die Mehlmischung und die Ananas zügig unterrühren.

2. Den Teig in die Blechvertiefungen füllen. Im Backofen bei 180° (Mitte, Umluft 160°) 20–25 Min. backen. Für die Garnitur Zucker und Minze im Mörser vorsichtig zerreiben. Die Muffins noch heiß dünn mit Ananassaft bespinseln und mit dem Minzezucker bestreuen. 5 Min. im Blech ruhen lassen, herausnehmen und auf einem Kuchengitter auskühlen lassen.

⏱ Zubereitung: 20 Min.	
⏱ Backzeit: 25 Min.	Pro Stück ca.: 210 kcal

Blind-Date-Muffins

Gelingt leicht
100 g Mehl
1 gehäufter TL Backpulver
150 g Zucker
100 g Crème fraîche
80 g geschmolzene Butter
1 Prise Salz
2 Eier
12 »Füllungen« (je 25 g, z. B.
Mozartkugeln, belgische Pralinen,
mit Marzipan gefüllte Datteln,
Aprikosenhälften, Pfirsichviertel)
Für die Garnitur:
100 g Zartbitterkuvertüre
(ersatzweise Vollmilch- oder
weiße Kuvertüre)
12 Papierförmchen oder
Fett fürs Blech

1. Den Backofen vorheizen. Die Papierförmchen in die Vertiefungen des Muffinblechs setzen oder das Blech dünn fetten.

2. Mehl und Backpulver mischen. Zucker mit Crème fraîche, Butter und Salz verquirlen. Die Eier einrühren. Die Mehlmischung zügig unterrühren.

3. Den Teig in die Blechvertiefungen füllen. Je 1 »Füllung« in den Teig drücken. Im Backofen bei 180° (Mitte, Umluft 160°) 15–20 Min. backen. 5 Min. im Blech ruhen lassen,

herausnehmen und auf einem Kuchengitter auskühlen lassen.

4. Für die Garnitur die Kuvertüre fein hacken und im Wasserbad schmelzen lassen. In einen Gefrierbeutel füllen und eine kleine Ecke abschneiden. Auf jedes Muffin ein Herz aufmalen.

🕐 Zubereitung: 10 Min.

🕐 Backzeit: 20 Min.

Pro Stück ca.: 350 kcal

Süße-Sünde-Muffins

Für Hobbybäcker
200 g Butter
200 g Zartbitterschokolade
60 g Speisestärke
2 Msp. Backpulver
100 g Zucker
4 Päckchen Vanillezucker
6 Eier
1 Prise Salz
2 Msp. Cayennepfeffer
Für die Garnitur:
1 EL Puderzucker
1 EL Zucker
1 TL Kakao
Fett fürs Blech

1. Das Muffinblech dünn fetten. Butter und Schokolade bei mittlerer Hitze unter Rühren schmelzen. Stärke und Backpulver mischen.

2. Nacheinander Zucker, Vanillezucker, Eier, Salz und Cayennepfeffer unter die Schokobutter rühren. Die Stärkemischung zügig unterrühren. Den Teig in die Blechvertiefungen füllen, etwa 30 Min. kühl stellen.

3. Den Backofen vorheizen. Die Muffins bei 180° (Mitte, Umluft 160°) etwa 10 Min. backen, bis die äußere Schicht durchgebacken, das Innere aber noch flüssig ist. Nur kurz abkühlen lassen, auf Tellerchen setzen.

4. Für die Garnitur Puderzucker, Zucker und Kakao mischen und über die Muffins stäuben. Sofort servieren, sodass der flüssige Schokokern beim »Öffnen« der Muffins auf den Teller läuft.

Tipp

Zusätzlich 2 EL gemahlene Nüsse unter die Speisestärke mischen. Die Muffins mit halbsteif geschlagener Sahne servieren.

🕐 Zubereitung: 20 Min.

🕐 Backzeit: 10 Min.

🕐 Kühlzeit: 30 Min.

Pro Stück ca.: 325 kcal

Für Hobbybäcker
250 ml Holunderblütensirup
(gibt's im Supermarkt)
200 g Mehl
2 gehäufte TL Backpulver
100 g Zucker
200 g Joghurt
80 g geschmolzene Butter
1 Prise Salz
2 Eier
Für die Garnitur:
2–3 Holunderblütendolden
dünne Kordel (ersatzweise feines
Garn oder Geschenkband)
1–2 EL Puderzucker (wer mag)
12 Papierförmchen oder
Fett fürs Blech
Backpapier

Holler-Muffins

1. 200 ml Holunderblütensirup etwa 10 Min. bei starker Hitze einkochen, bis er leicht goldbraun wird und karamellisiert. Achtung, das geht plötzlich sehr schnell!

2. Den Hollerkaramell sofort mit einer Palette zügig möglichst dünn auf Backpapier streichen. An einem kühlen Ort erstarren lassen. Die Karamellplatte in grobe Splitter brechen und nebeneinander aufs Backpapier legen, damit sie nicht zusammenkleben.

3. Den Backofen vorheizen. Die Papierförmchen in die Vertiefungen des Muffinblechs setzen oder das Blech dünn fetten.

4. Mehl und Backpulver mischen. Zucker mit Joghurt, Butter, 50 ml Holunderblütensirup und Salz verquirlen. Die Eier einrühren. Die Mehlmischung und die Holler-Karamell-Splitter zügig unterrühren.

5. Den Teig in die Blechvertiefungen füllen. Im Backofen bei 180° (Mitte, Umluft 160°) 20–25 Min. backen. 5 Min. im Blech ruhen lassen, herausnehmen und auf einem Kuchengitter auskühlen lassen.

6. Für die Garnitur die Holunderblütendolden abbrausen und trockenschütteln. Von den Dolden kleine Zweige abschneiden und mit Kordel zu Sträußchen binden. Die Muffins damit dekorieren und mit Puderzucker – wer mag – bestäuben.

Tipp

Holunderblütensirup
selbst gemacht
10 Holunderblütendolden abbrausen und trockenschütteln. 1 unbehandelte Orange heiß waschen und die Schale dünn abschälen. Blüten und Schale in ein gründlich gereinigtes Glasgefäß (etwa 2 l Inhalt) geben. 1 l Wasser aufkochen. 1 kg Zucker dazugeben und weiterkochen, bis sich der Zucker gelöst hat. 10 g Zitronensäure (aus der Apotheke) untermischen. Den Sirup über die Blütendolden in das Glasgefäß gießen. Auskühlen lassen. Das Gefäß fest verschließen und den Sirup an einem warmen Ort etwa 1 Woche durchziehen lassen. Den Sirup durch ein feines Sieb gießen und in sehr gut gesäuberte Glasflaschen füllen. Fest verschließen. Den Holunderblütensirup an einem kühlen Ort aufbewahren. So hält er sich mindestens 1 Jahr. Der Sirup schmeckt nicht nur in Muffins: Mit Wasser und Eiswürfeln wird er zur erfrischenden Limonade. Mit gut gekühltem Prosecco aufgefüllt ist er ein perfekter Aperitif. Oder man mariniert klein geschnittene Früchte damit.

🕐 Zubereitung: 25 Min.

🕐 Backzeit: 25 Min.

🕐 Garzeit: 10 Min.

Pro Stück ca.: 225 kcal

Für Hobbybäcker
650 g Zwetschgen
1/2 TL Zimt
2 Päckchen Vanillezucker
6 Croissants (je 50 g, zum
Fertigbacken)
100 g Zucker
150 g Crème fraîche
100 ml Milch
2 Eier
2 gestrichene TL Speisestärke
1 Prise Salz
Für die Garnitur:
2 EL Puderzucker
Fett fürs Blech

Tipp

Die Muffins schmecken auch mit
Pflaumen, Aprikosen, Pfirsichen
oder Nektarinen.

Gelingt leicht
4 Platten tiefgekühlter Blätter-
teig (300 g)
100 g Zucker
300 g Himbeeren
200 g Sahne
2 Päckchen Bourbon Vanillezucker
Für die Garnitur:
Minzeblättchen (ersatzweise
Melisseblättchen)
Fett fürs Blech
Mehl fürs Blech und
zum Arbeiten

Tipp

Werden die Muffins nicht sofort
gegessen, noch 1–2 TL Sahnesteif
unter die Sahne schlagen.

Zwetschgen-Croissant-Muffins

1. Das Muffinblech dünn fetten. Die Zwetschgen waschen, halbieren, entsteinen und vierteln. Mit Zimt und Vanillezucker mischen.

2. Die Croissants quer in etwa 1 cm dicke Scheiben schneiden. Zucker, Crème fraîche, Milch, Eier, Stärke und Salz kräftig verrühren.

3. Croissants und Zwetschgen dicht an dicht senkrecht in die Blechvertiefungen stecken, sodass die Croissants noch etwas über den Form-rand stehen. Dabei beides leicht andrücken. Die Eiermasse vorsichtig darüber gießen. 15 Min. ruhen lassen.

4. Den Backofen auf 180° (Umluft 160°) vorheizen. Die Muffins im Ofen (Mitte) 15–20 Min. backen. 5 Min. im Blech ruhen lassen, herausnehmen und lauwarm servieren. Für die Garnitur mit Puderzucker bestäuben.

🕐 Zubereitung: 30 Min.	🕐 Ruhezeit: 15 Min.
🕐 Backzeit: 20 Min.	Pro Stück ca.: 225 kcal

Himbeer-Sahne-Muffins

1. Die Blätterteigplatten nebeneinander auf der Arbeitsfläche auftauen lassen.

2. Den Backofen vorheizen. Das Muffinblech fetten, dünn mit Mehl bestäuben und in den Kühlschrank stellen.

3. Die Teigplatten aufeinander legen und auf bemehlter Arbeitsfläche zu einem Rechteck (30 x 40 cm) ausrollen. In 12 Quadrate (10 x 10 cm) teilen, mit einer Gabel mehrmals einstechen. Die Blechvertiefungen damit auskleiden, dabei etwas Teig überstehen lassen. Mit Wasser bepinseln und mit 20 g Zucker bestreuen.

4. Im Backofen bei 220° (unten, Umluft 200°) etwa 10 Min. backen. 5 Min. im Blech ruhen lassen, herausnehmen und auf einem Kuchengitter auskühlen lassen.

5. Die Himbeeren verlesen, bei Bedarf kurz abbrausen und trockentupfen. Sahne mit 80 g Zucker und Vanillezucker steif schlagen. Die Beeren vorsichtig unterheben.

6. Die Teigkörbchen bei Bedarf etwas aushöhlen. Die Beerensahne einfüllen. Mit Minzeblättchen garnieren.

🕐 Zubereitung: 25 Min.	
🕐 Backzeit: 10 Min.	Pro Stück ca.: 200 kcal

Für Geübte
4 Eier
100 g Mehl
100 g geschälte gemahlene
Mandeln
80 g kalte Butter
60 g Zucker
2 Prisen Salz
40 g Speisestärke
2 Päckchen Vanillezucker
100 g Honig
240 ml Milch
100 ml frisch gepresster
Orangensaft
abgeriebene Schale von
1 unbehandelten Orange
150 g Puderzucker
Fett und geschälte gemahlene
Mandeln fürs Blech
Mehl zum Arbeiten

Bienenkorb-Muffins

1. Die Eier trennen. Das Mehl mit Mandeln, Butter in Flöckchen, Zucker, 2 Eigelben und 1 Prise Salz rasch zu einem glatten Teig verkneten. In Frischhaltefolie wickeln und 30 Min. kühl stellen.

2. Den Backofen vorheizen. Das Muffinblech dünn fetten, mit Mandeln ausstreuen und in den Kühlschrank stellen.

3. Den Teig auf bemehlter Arbeitsfläche 2–3 mm dick ausrollen. 12 Kreise (5 cm Ø) ausstechen und in die Blechvertiefungen legen. Aus den Teigresten Streifen (4 cm breit) schneiden und die Ränder damit auslegen. Am Teigboden andrücken, überstehenden Teig abschneiden.

4. Den Teig mit der Gabel gleichmäßig mehrmals einstechen. Im Backofen bei 160° (unten, Umluft 140°) 10–15 Min. backen.

5. Inzwischen 2 Eigelbe mit Stärke, Vanillezucker, Honig, Milch, Orangensaft und -schale in einem Topf (am besten beschichtet) mit dem Schneebesen verquirlen. Bei mittlerer Hitze unter Rühren erhitzen, bis die Creme fest wird. Sofort vom Herd nehmen, abdecken und auskühlen lassen.

6. Die Teigkörbchen 5 Min. im Blech ruhen lassen, vorsichtig lösen und auf einem Kuchengitter auskühlen lassen.

7. Den Backofengrill (ersatzweise Oberhitze 250°) vorheizen. Die Eiweiße mit 1 Prise Salz steif schlagen. Den Puderzucker unter Rühren einrieseln lassen und weiterschlagen, bis die Masse glänzt.

8. Die Honigcreme in den Teigkörbchen verteilen. Das Baiser in einen Spritzbeutel mit Lochtülle (etwa 7 mm Ø) füllen und spiralförmig so aufspritzen, dass eine hohe Haube entsteht, die an einen Bienenkorb erinnert. Im Backofen (Mitte) goldbraun grillen. Vorsicht, das geht sehr schnell!

Tipp

Wer möchte, kann den Bienenkorb noch dekorativ verzieren: Dafür 100 g Zartbitterschokolade im Wasserbad schmelzen lassen. In einen Gefrierbeutel füllen, eine winzig kleine Ecke abschneiden und die Baiserhaube nach dem Backen (etwas ausgekühlt) mit Schokolinien so nachzeichnen, dass ein »Bienenkorbmuster« entsteht.
Dazu – wer mag – je 1 Marzipan-Biene auf den Korb setzen. Dafür etwas Marzipan mit Lebensmittelfarbe gelb und braun färben und zu kleinen Bienen formen. Als Flügel je 2 feine Mandelblättchen in den Körper stecken.

🕐 Zubereitung: 50 Min.

🕐 Backzeit: 15 Min.

🕐 Kühlzeit: 30 Min.

Pro Stück ca.: 270 kcal

Gelingt leicht
4 Beutel Earl-Grey-Tee
250 g Mehl
2 TL Backpulver
150 g Zucker
150 g saure Sahne
80 g geschmolzene Butter
1 Prise Salz
2 Eier
**50 ml Orangenlikör (ersatz-
weise Orangensaft)**
**12 Papierförmchen oder
Fett fürs Blech**

Beschwipste Earl-Grey-Muffins

1. Die Teebeutel mit 200 ml kochendem Wasser übergießen und etwa 10 Min. ziehen lassen. Beutel entfernen.

2. Den Backofen vorheizen. Die Papierförmchen in die Vertiefungen des Muffinblechs setzen oder das Blech dünn fetten.

3. Mehl und Backpulver mischen. Zucker mit saurer Sahne, Butter, 100 ml Earl-Grey-Tee und Salz verquirlen. Die Eier einrühren. Die Mehlmischung zügig unterrühren.

4. Den Teig in die Blechvertiefungen füllen. Im Backofen bei 180° (Mitte, Umluft 160°) 20–25 Min. backen. 100 ml Tee mit dem Likör mischen und sofort über die Muffins träufeln. Im Blech auskühlen lassen, dann erst herausnehmen.

⏱ Zubereitung: 15 Min.	
⏱ Backzeit: 25 Min.	Pro Stück ca.: 215 kcal

Gelingt leicht
200 g getrocknete Aprikosen
**50 ml Sherry (ersatzweise Apfel-
oder Birnensaft)**
200 g Mehl
2 gehäufte TL Backpulver
250 g Zucker
2 Päckchen Vanillezucker
200 g Crème fraîche
80 g geschmolzene Butter
**abgeriebene Schale von
1/2 unbehandelten Orange**
1 Prise Salz
2 Eier
1 Vanilleschote
Saft von 3 rosa Grapefruits
Fett fürs Blech

Getränkte Sirup-Muffins

1. Die Aprikosen in kleine Würfel schneiden. Den Sherry erhitzen und über die Früchte gießen. Abgedeckt kurz marinieren.

2. Den Backofen vorheizen. Das Muffinblech dünn fetten. Mehl und Backpulver mischen. 100 g Zucker und 1 Päckchen Vanillezucker mit Crème fraîche, Butter, Orangenschale und Salz verquirlen. Die Eier einrühren. Die Mehlmischung und die Aprikosen zügig unterrühren.

3. Den Teig in die Blechvertiefungen füllen. Im Backofen bei 180° (Mitte, Umluft 160°) 20–25 Min.
backen. 5 Min. im Blech ruhen lassen, herausnehmen und auf einem Kuchengitter auskühlen lassen.

4. Die Vanilleschote längs einschneiden und mit Grapefruitsaft, 150 g Zucker und 1 Päckchen Vanillezucker bei starker Hitze in etwa 30 Min. sirupartig auf 300 ml einkochen lassen. Durch ein Sieb gießen. Die Muffins auf kleine Teller setzen und sofort mit dem Sirup begießen. Sofort servieren.

⏱ Zubereitung: 25 Min.	⏱ Garzeit: 30 Min.
⏱ Backzeit: 25 Min.	Pro Stück ca.: 330 kcal

THÉ
EARL GREY

Für Hobbybäcker
4 Eier
1 Prise Salz
100 g Zucker
100 g Mehl
60 g Butter
2 EL Puderzucker
12 Kugeln Parfait (Geschmack nach
Belieben, ersatzweise cremiges Eis)
Fett und Mehl fürs Blech

Tipp

Sehr gut passen dazu Obstsalat oder eine Fruchtsauce. Besonders fein: Die ausgehöhlten Muffins vor dem Befüllen innen mit erwärmter Aprikosenmarmelade – eventuell mit etwas Likör aromatisiert – ausstreichen.

Für Hobbybäcker
200 g Mehl
100 g kalte Butter
100 g Zucker
1 Ei
1 Prise Salz
1 kg gemischtes Obst (nicht zu
weich, z. B. Äpfel, Birnen, Pfirsiche,
Aprikosen, Kirschen, Pflaumen,
Zwetschgen)
2 schwach gehäufte TL Speisestärke
Fett fürs Blech
Mehl fürs Blech und
zum Arbeiten

Parfait-Muffins

1. Den Backofen vorheizen. Das Muffinblech dünn fetten und mit Mehl bestäuben. Eier trennen, die Eiweiße mit dem Salz steif schlagen.

2. Die Eigelbe mit Zucker und 2 EL lauwarmem Wasser hellschaumig schlagen. Den Eischnee und das Mehl darauf geben und mit dem Schneebesen locker unterheben.

3. Den Teig in die Blechvertiefungen füllen. Im Backofen bei 180° (Mitte, Umluft 160°) etwa 15 Min. backen. 5 Min. im Blech ruhen lassen, herausnehmen und auf einem Kuchengitter auskühlen lassen.

4. Die Muffins aushöhlen. Dafür von oben rundum einschneiden, sodass ein etwa 5 mm breiter Rand bleibt. Das Innere vorsichtig herauslösen und grob zerbröseln.

5. Die Butter schmelzen und die Brösel darin rösten. Mit Puderzucker überstäuben und unter Rühren goldbraun karamellisieren lassen.

6. Das Parfait leicht antauen lassen. Je 1 Kugel Parfait in die Teigkörbchen setzen. Mit den knusprigen Karamellbröseln bestreuen und sofort servieren.

⏱ Zubereitung: 25 Min.	
⏱ Backzeit: 15 Min.	Pro Stück ca.: 185 kcal

Obstgarten-Muffins

1. Das Mehl mit Butter in Flöckchen, 50 g Zucker, Ei und Salz rasch zu einem glatten Teig verkneten. In Frischhaltefolie wickeln und 30 Min. kühl stellen.

2. Das Muffinblech dünn fetten, mit Mehl ausstreuen und in den Kühlschrank stellen.

3. Den Teig auf bemehlter Arbeitsfläche 3 mm dick ausrollen. 12 Kreise (5 cm Ø) ausstechen und in die Vertiefungen des Muffinblechs legen. Aus den Teigresten Streifen (4 cm breit) schneiden und die Ränder damit auslegen. Am Teigboden an-

drücken, überstehenden Teig abschneiden. Mit einer Gabel mehrmals einstechen. Kühl stellen.

4. Den Backofen vorheizen. Das Obst waschen oder schälen, entkernen oder entsteinen und in 2 cm große Stücke schneiden Mit 50 g Zucker und der Stärke mischen.

5. Die Obstmischung in die Teigkörbchen füllen. Im Backofen bei 180° (unten, Umluft 140°) 25–30 Min. backen. 5 Min. im Blech ruhen lassen, herausnehmen und auf einem Kuchengitter auskühlen lassen.

⏱ Zubereitung: 45 Min.	⏱ Kühlzeit: 30 Min.
⏱ Backzeit: 30 Min.	Pro Stück ca.: 200 kcal

Für Hobbybäcker
400 g Mehl
1 Würfel Hefe (42 g)
200 g Zucker
etwa 50 ml lauwarme Milch
2 Eier
200 g geschmolzene Butter
1 Prise Salz
250 g Haselnusskerne
100 g Marzipan
1/2 TL Zimt
50 ml Rum
Für die Garnitur:
100 g Aprikosenkonfitüre
2 EL Haselnussblättchen
(wer mag goldbraun geröstet)
Fett fürs Blech
Mehl zum Arbeiten

Nuss-Spiralen-Muffins

1. Das Mehl in eine Schüssel geben und in die Mitte eine Mulde drücken. Hefe zerbröckeln, mit 2 TL Zucker und etwas Milch verrühren. In die Mulde gießen und mit Mehl bestäuben. Mit einem feuchten Tuch abgedeckt an einem warmen Ort 15 Min. gehen lassen.

2. Den Teigansatz mit Eiern, 90 g Zucker, 100 g Butter, Salz und so viel Milch verkneten, dass ein glatter, elastischer Teig entsteht. Abgedeckt 1 Std. gehen lassen.

3. Den Backofen vorheizen. Die Haselnüsse auf ein Backblech streuen und im Ofen bei 220° (Mitte, Umluft 200°) 6–8 Min. rösten. Das Muffinblech dünn fetten.

4. Die Ofentemperatur auf 180° (Umluft 160°) reduzieren. Die Nüsse kurz abkühlen lassen. Die Häutchen mit einem Küchentuch abreiben.

5. Die Nüsse mit 100 g Zucker, Marzipan, Zimt und Rum in der Küchenmaschine zu einer streichfähigen Masse pürieren.

6. Den Teig halbieren. Jede Portion auf bemehlter Arbeitsfläche zu einem Rechteck (24 x 40 cm) ausrollen. Mit 40 g Butter bepinseln und gleichmäßig mit der Nussmasse bestreichen. Sehr gut geht das mit einer angefeuchteten Palette. Von der Schmalseite her aufrollen.

7. Jede Teigrolle in 6 gleich große Stücke schneiden und mit der Schnittfläche nach oben in die Blechvertiefungen setzen. 60 g Butter darüber träufeln. Im Ofen (Mitte) etwa 20 Min. backen. 5 Min. im Blech ruhen lassen, herausnehmen und auf ein Kuchengitter setzen.

8. Für die Garnitur die Konfitüre erhitzen und durch ein Sieb streichen. Die Muffins damit bestreichen und mit den Haselnussblättchen bestreuen.

Tipp

Natürlich können Sie die Nussmasse auch mit ungerösteten Haselnüssen zubereiten. Erst durch das Bräunen entfaltet sich aber ihr besonders feines Aroma. Die Muffins schmecken auch mit Mandeln, Cashew- oder Macadamianüssen.

🕐 Zubereitung: 50 Min.

🕐 Backzeit: 8 Min. + 20 Min.

🕐 Ruhezeit: 1 Std. 15 Min.

Pro Stück ca.: 530 kcal

Gelingt leicht
400 ml Apfelsaft
200 ml lieblicher Weißwein
200 g Zucker
Mark von 2 Vanilleschoten
700 g Pfirsiche
200 g Mehl
1 gehäufter TL Backpulver
2 Päckchen Bourbon Vanillezucker
200 g Crème fraîche
80 g geschmolzene Butter
1 Prise Salz
2 Eier
300 g Himbeeren
Fett fürs Blech

Muffins »Melba«

1. Apfelsaft, Wein, 100 g Zucker und Vanillemark 10 Min. bei starker Hitze kochen lassen. Inzwischen die Pfirsiche überbrühen, häuten, entkernen und in Spalten schneiden. In den Sud geben und abgedeckt 30 Min. marinieren.

2. Die Pfirsiche in einem Sieb abtropfen lassen. Den Sud auffangen und bei starker Hitze in 2–3 Min. auf etwa 250 ml einkochen lassen.

3. Den Backofen vorheizen. Das Muffinblech dünn fetten. Mehl und Backpulver mischen. 100 g Zucker und Vanillezucker mit Crème fraîche,

Butter und Salz verquirlen. Die Eier einrühren. Die Mehlmischung zügig unterrühren.

4. Den Teig in die Blechvertiefungen füllen. Die Pfirsichspalten längs hineindrücken. Im Backofen bei 180° (Mitte, Umluft 160°) 20–25 Min. backen. 5 Min. im Blech ruhen lassen, herausnehmen und auf einem Kuchengitter auskühlen lassen.

5. Die Himbeeren verlesen, bei Bedarf abbrausen und trockentupfen und in den Sud geben. Zu den Muffins »Melba« reichen.

⏱ Zubereitung: 30 Min.	⏱ Marinierzeit: 30 Min.
⏱ Backzeit: 25 Min.	Pro Stück ca.: 310 kcal

Gelingt leicht
4 Birnen (je 150 g)
Saft von 1/2 Zitrone
200 g Mehl
2 gehäufte TL Backpulver
100 g Zucker
2 Päckchen Vanillezucker
200 g Joghurt
80 g geschmolzene Butter
4 EL Birnengeist (ersatzweise Birnensaft)
1 Prise Salz
2 Eier
2 EL Puderzucker
60 g weiße Schokolade
60 g Zartbitterschokolade
200 g Sahne
Fett fürs Blech

Muffins »Helene«

1. Den Backofen vorheizen. Das Muffinblech dünn fetten. Die Birnen waschen, längs halbieren und das Kerngehäuse entfernen. Die Birnenhälften – wer mag samt Stiel – längs in etwa 5 mm dicke Scheiben schneiden. Sofort mit Zitronensaft beträufeln.

2. Mehl und Backpulver mischen. Zucker und Vanillezucker mit Joghurt, Butter, Birnengeist und Salz verquirlen. Die Eier einrühren. Die Mehlmischung zügig unterrühren.

3. Den Teig in die Blechvertiefungen füllen. Die Birnenscheiben senkrecht hineindrücken. Mit Puder-

zucker bestäuben. Im Backofen bei 180° (Mitte, Umluft 160°) 20–25 Min. backen. 5 Min. im Blech ruhen lassen, herausnehmen und auf einem Kuchengitter auskühlen lassen.

4. Inzwischen beide Schokoladensorten mit der Sahne unter Rühren bei geringer Hitze schmelzen lassen. Lauwarm oder kalt zu den Muffins »Helene« reichen.

⏱ Zubereitung: 25 Min.	
⏱ Backzeit: 25 Min.	Pro Stück ca.: 320 kcal

Gelingt leicht
150 g Mehl
50 g geschälte gemahlene Mandeln
2 gehäufte TL Backpulver
100 g Zucker
4 Päckchen Vanillezucker
200 g Schmand
80 g geschmolzene Butter
**2 EL Rosenwasser (aus der
Apotheke oder dem Backregal
gut sortierter Supermärkte)**
1 Prise Salz
2 Eier
Für die Garnitur:
**1 Hand voll ungespritzte Rosen-
blütenblätter**
1–2 EL Puderzucker
**12 Papierförmchen oder
Fett fürs Blech**

Tipp

**Rosenwasser – eine kleine
Kostbarkeit**
Diese sehr feine Essenz entsteht,
wenn aus mehreren 1000 kg
duftender Rosenblütenblätter
durch Wasserdampfdestillation
Rosenöl gewonnen wird.
Vor allem in arabischen Ländern
parfümiert Rosenwasser Gebäck,
Süßspeisen und Liköre, verleiht
aber auch pikanten Gerichten eine
ganz spezielle Note.
Heute wird Rosenwasser auch oft
hergestellt, indem man 250 ml
destilliertes Wasser mit 1 Tropfen
Rosenöl anreichert.

Rosen-Muffins

1. Den Backofen vorheizen. Die Papierförmchen in die Vertiefungen des Muffinblechs setzen oder das Blech dünn fetten.

2. Mehl, Mandeln und Backpulver mischen. Zucker und Vanillezucker mit Schmand, Butter, Rosenwasser und Salz verquirlen. Die Eier einrühren. Die Mehlmischung zügig unterrühren.

3. Den Teig in die Blechvertiefungen füllen. Im Backofen bei 180° (Mitte, Umluft 160°) 20–25 Min. backen. 5 Min. im Blech ruhen lassen, herausnehmen und auf einem Kuchengitter auskühlen lassen.

4. Für die Garnitur die Rosenblütenblätter abbrausen und trockentupfen. Die Muffins damit dekorieren, mit Puderzucker bestäuben und sofort servieren.

Variante

Sie können die zarten Rosenblütenblätter – oder auch ganze aufgeblühte Blüten – zuerst kandieren, bevor Sie die Muffins damit garnieren. Dafür 1 Eiweiß mit 1–2 EL Rosenwasser oder Wasser verrühren und die einzelnen Blätter oder Blüten dünn damit bepinseln. Mit feinem Zucker bestreuen und an einem luftigen, warmen Ort gut trocknen lassen. Auf die Muffins legen und nach Belieben mit Puderzucker bestäuben.

Tipp

Rosen-Muffins mit einer **Rosenbowle** servieren: Dafür von 5–6 stark duftenden, ungespritzten Rosen die Blütenblätter abzupfen und mit Küchenpapier vorsichtig trocken abreiben. In ein Bowlengefäß geben, mit 2 cl Rum oder Weinbrand begießen und abgedeckt 30 Min. ziehen lassen. Mit 1 Flasche Roséwein übergießen und mindestens 1 Std. ziehen lassen. Die Bowle vor dem Servieren mit je 1 Flasche Roséwein und eisgekühltem Sekt auffüllen und mit 5–6 Tropfen Rosenwasser aromatisieren.

Zubereitung: 10 Min.

Backzeit: 25 Min.

Pro Stück ca.: 220 kcal

Gelingt leicht
200 g Mehl
2 gehäufte TL Backpulver
100 g Marzipan
2–3 EL Weinbrand (ersatzweise Milch)
100 g Zucker
200 g Schmand
80 g geschmolzene Butter
1 Prise Salz
2 Eier
Fett fürs Blech

Love-Hearts-Muffins

1. Den Backofen vorheizen. Das Muffinblech dünn fetten. Mehl und Backpulver mischen.

2. Das Marzipan mit Weinbrand cremig rühren. Mit Zucker, Schmand, Butter und Salz verquirlen. Die Eier einrühren. Die Mehlmischung zügig unterrühren.

3. Den Teig in die Blechvertiefungen füllen. Im Backofen bei 180° (Mitte, Umluft 160°) 20–25 Min. backen. 5 Min. im Blech ruhen lassen, herausnehmen und auf einem Kuchengitter auskühlen lassen.

Tipp

100 g Puderzucker mit 2–3 EL Zitronensaft verrühren und mit Lebensmittelfarbe pastell färben. Mit dem Guss Herzen auf die Muffins malen. Alternativ mit einem speziellen Streuer oder einer Schablone (gibt's beim Cappuccino-Zubehör) Herzen aus Puderzucker oder Kakao aufstreuen. Noch einfacher: Schokoladenherzen auf die Muffins legen oder den Teig gleich in ein Herz-Muffinblech füllen und backen.

🕐 Zubereitung: 15 Min.

🕐 Backzeit: 25 Min.

Pro Stück ca.: 235 kcal

Gelingt leicht
250 g Mehl
2 gehäufte TL Backpulver
100 g Zucker
200 g saure Sahne
80 g geschmolzene Butter
Mark von 1 Vanilleschote
Saft von 1 Zitrone
1 Prise Salz
2 Eier
12 Papierförmchen oder
Fett fürs Blech

Glamour-Muffins

1. Den Backofen vorheizen. Die Papierförmchen in die Vertiefungen des Muffinblechs setzen oder das Blech dünn fetten.

2. Mehl und Backpulver mischen. Zucker mit saurer Sahne, Butter, Vanillemark, Zitronensaft und Salz verquirlen. Die Eier einrühren. Die Mehlmischung zügig unterrühren.

3. Den Teig in die Blechvertiefungen füllen. Im Backofen bei 180° (Mitte, Umluft 160°) 20–25 Min. backen. 5 Min. im Blech ruhen lassen, herausnehmen und auf einem Kuchengitter auskühlen lassen.

Variante

Mit Eiweiß beliebige Formen (z. B. Blumen, Girlanden, Sterne) auf die Muffins zeichnen und sofort mit buntem, nicht zu feinem Zucker bestreuen. Kandierte Früchte oder Gummidrops (möglichst bunt gemischt) in dünne Scheiben schneiden und mit Mini-Ausstechern Kreise oder Sterne ausstechen. Diese auf ein Stück feinen Golddraht fädeln und um die Muffins winden.

🕐 Zubereitung: 10 Min.

🕐 Backzeit: 25 Min.

Pro Stück ca.: 190 kcal

Gelingt leicht
50 g Zitronat und Orangeat
80 g Rosinen
50 ml Rum
50 g Mehl
75 g gemahlene Mandeln
75 g gemahlene Haselnüsse
2 gehäufte TL Backpulver
100 g Zucker
200 g Schmand
80 g geschmolzene Butter
2–3 TL Lebkuchengewürz
1 TL Kakao
1 Prise Salz
2 Eier
Für die Garnitur:
50 g Puderzucker
2 EL geschmolzene Butter
1–2 EL Zitronensaft
6 Belegkirschen
einige Mandelblättchen
Fett und 12 Oblaten (5 cm Ø)
fürs Blech

Elisen-Muffins

1. Das Zitronat und Orangeat grob hacken, mit den Rosinen mischen. Den Rum erhitzen, über die Früchte gießen und abgedeckt etwa 30 Min. marinieren.

2. Den Backofen vorheizen. Das Muffinblech dünn fetten und je 1 Oblate auf den Boden der Vertiefungen legen.

3. Mehl, Mandeln, Haselnüsse und Backpulver mischen. Zucker mit Schmand, Butter, Lebkuchengewürz, Kakao und Salz verquirlen. Die Eier einrühren. Die Mehlmischung und die marinierten Früchte zügig unterrühren.

4. Den Teig in die Blechvertiefungen füllen. Im Backofen bei 180° (Mitte, Umluft 160°) etwa 20 Min. backen. 5 Min. im Blech ruhen lassen, herausnehmen und auf einem Kuchengitter auskühlen lassen.

5. Für die Garnitur Puderzucker, Butter und Zitronensaft zu einem Guss verrühren und die Muffins damit bestreichen. Die Belegkirschen halbieren und in die Mitte setzen. Die Mandelblättchen als Blütenblätter rundum leicht andrücken. Trocknen lassen.

⏲ Zubereitung: 30 Min.

⏲ Backzeit: 20 Min.

⏲ Marinierzeit: 30 Min.

Pro Stück ca.: 330 kcal

Gelingt leicht
250 g Mehl
2 gehäufte TL Backpulver
150 g brauner Zucker
1 Päckchen Bourbon Vanillezucker
200 g Crème fraîche
80 g geschmolzene Butter
2–3 TL Zimt
1/4 TL gemahlenes Piment
(Nelkenpfeffer)
etwas frisch geriebene Muskatnuss
2 Prisen Chilipulver
Mark von 1 Vanilleschote
1 Prise Salz
abgeriebene Schale von 1/2 unbehandelten Orange
50 ml frisch gepresster Orangensaft
2 Eier
12 Papierförmchen oder
Fett fürs Blech

Xmas-Muffins

1. Den Backofen vorheizen. Die Papierförmchen in die Vertiefungen des Muffinblechs setzen oder das Blech dünn fetten.

2. Mehl und Backpulver mischen. Zucker und Vanillezucker mit Crème fraîche, Butter, Gewürzen, Orangenschale und -saft verquirlen. Die Eier einrühren. Die Mehlmischung zügig unterrühren.

3. Den Teig in die Blechvertiefungen füllen. Im Backofen bei 180° (Mitte, Umluft 160°) 20–25 Min. backen. 5 Min. im Blech ruhen lassen, herausnehmen und auf einem Kuchengitter auskühlen lassen.

Tipp

Dekorativer Aromaschub: Vor dem Backen in jedes Muffin 1 Zimtstange stecken.
Ebenso nett: Je 1 Wunderkerze (in Sternform) in die Muffins spießen und mit Puderzucker bestäuben. Oder aus 1 Eiweiß und etwa 170 g Puderzucker mit dem Handrührer einen dicken weißen Guss schlagen. In einen Gefrierbeutel füllen, eine feine Ecke abschneiden und den Schriftzug »Xmas« aufmalen.

⏲ Zubereitung: 15 Min.

⏲ Backzeit: 25 Min.

Pro Stück ca.: 250 kcal

Gelingt leicht
250 g Mehl
2 gehäufte TL Backpulver
100 g Zucker
200 g saure Sahne
80 g geschmolzene Butter
1 Briefchen gemahlener
Safran (0,1 g)
Saft von 1 Orange
1 Prise Salz
2 Eier
12 Papierförmchen oder
Fett fürs Blech

Muffins im Nest

1. Den Backofen vorheizen. Die Papierförmchen in die Vertiefungen des Muffinblechs setzen oder das Blech dünn fetten.

2. Mehl und Backpulver mischen. Zucker mit saurer Sahne, Butter, Safran, Orangensaft und Salz verquirlen. Die Eier einrühren. Die Mehlmischung zügig unterrühren.

3. Den Teig in die Blechvertiefungen füllen. Im Backofen bei 180° (Mitte, Umluft 160°) 20–25 Min. backen. 5 Min. im Blech ruhen lassen, herausnehmen und auf einem Kuchengitter auskühlen lassen.

Inzwischen bereiten Sie die Nester für die Muffins vor. Währen Sie Ihre Lieblingsvariante:

Varianten

Muffins im Karamell-Nest
Etwa 250 g Zucker gleichmäßig dünn in einen Topf streuen und bei mittlerer Hitze goldgelb karamellisieren lassen. Mit einer Gabel rühren, bis der Karamell beginnt, zäh zu werden. Die Gabel sofort über Backpapier halten und den nach unten ablaufenden Karamellfaden durch Kreisen zu einem Nest spinnen. Dabei eventuell mit den Fingern nachhelfen (Achtung, der Faden könnte noch heiß sein!). Falls der Karamell zu fest wird, wieder kurz erwärmen. Auf diese Weise 12 Karamellnester formen. Die Muffins hineinsetzen.

Muffins im Gras-Körbchen
12 kleine Weidenkörbe (mit oder ohne Henkel) oder bunte Pappkartons mit Katzengras füllen. Die Muffins hineinsetzen und rundum Zuckereier verteilen.

Muffins im 12er-Pack
Einen Karton für Weihnachtskugeln (durch Einlagen in 12 Abschnitte unterteilt) mit Moos auslegen. Jedes Muffin in mehrere bunte Papierförmchen stecken und entsprechend in die Moosnester setzen. Mit kleinen Zweigen oder Blüten dekorieren.

Muffins im Heu-Nest
Heu (aus dem Tierbedarf) oder Ostergras in Pastellfarben zu kleinen Nestern formen und in hübsche Tassen oder Schalen setzen. Die Muffins darin platzieren.

🕐 Zubereitung: 10 Min.

🕐 Backzeit: 25 Min.

Pro Stück ca.: 190 kcal

Muffins aus aller Welt

Die Globetrotter

Jede Landesküche ist einzigartig, jede hat ihre Besonderheiten und ihre Spezialitäten, die oftmals weltweit zu Ruhm gekommen sind. Was liegt also näher, als sich davon anregen zu lassen und Muffins zu kreieren, die einen bei jedem Biss in Urlaubsstimmung versetzen.

Reisen Sie mit Tarte-Tatin-Muffins nach Frankreich oder mit Tiramisu-Muffins nach Italien. Entdecken Sie auf die Schnelle Amerika mit Cheesecake-Muffins oder Asien mit süßen Sushi-Muffins. Was kann es Abwechslungsreicheres geben!

Shortbread-Muffins

Gelingt leicht
200 g Shortbread, 1 Birne (120 g)
200 g Mehl, 2 gehäufte TL Backpulver
100 g Zucker, 2 Päckchen Vanillezucker
200 g Crème fraîche, 80 g geschmolzene Butter
1 Prise Salz, 2 Eier, Fett fürs Blech

1. Den Backofen vorheizen. Das Muffinblech dünn fetten. Das Shortbread in einen Gefrierbeutel füllen und gut verschließen. Mit dem Nudelholz je zur Hälfte in ganz feine und sehr grobe Brösel zerkleinern. Mit den feinen Bröseln die Blechvertiefungen ausstreuen. Die Hälfte der groben Brösel darin verteilen.

2. Die Birne schälen, vierteln, entkernen und grob raspeln. Mehl und Backpulver mischen. Zucker und Vanillezucker mit Crème fraîche, Butter und Salz verquirlen. Die Eier einrühren. Die Mehlmischung und Birnenraspel zügig unterrühren.

3. Den Teig in die Blechvertiefungen füllen, mit den übrigen groben Shortbread-Bröseln bestreuen. Im Backofen bei 180° (Mitte, Umluft 160°) 20–25 Min. backen. 5 Min. im Blech ruhen lassen, herausnehmen und auf einem Kuchengitter auskühlen lassen.

🕑 Zubereitung: 25 Min.	
🕑 Backzeit: 25 Min.	Pro Stück ca.: 330 kcal

Cidre-Muffins

Gelingt leicht
4 Äpfel (600 g), Saft von 1/2 Zitrone
100 ml lieblicher Cidre, 100 g Aprikosenkonfitüre
200 g Mehl, 2 gehäufte TL Backpulver
150 g Zucker, 150 g Crème fraîche
80 g geschmolzene Butter, 1 Prise Salz
2 Eier, Fett fürs Blech

1. Die Äpfel schälen, vierteln, entkernen und in dünne Spalten schneiden. Zitronensaft und Cidre aufkochen, die Apfelspalten zugeben und abgedeckt 30 Min. marinieren.

2. Den Backofen vorheizen. Das Muffinblech dünn fetten. Die Äpfel in ein Sieb abgießen, dabei den Sud auffangen. 2 EL Sud mit der Konfitüre verrühren. Mehl und Backpulver mischen. Zucker mit Crème fraîche, Butter, 80 ml Sud und Salz verquirlen. Die Eier einrühren. Die Mehlmischung zügig unterrühren.

3. Teig in die Blechvertiefungen füllen. Apfelspalten dachziegelartig darauf legen, mit der Konfitüre bestreichen. Im Backofen bei 180° (Mitte, Umluft 160°) 20–25 Min. backen. 5 Min. im Blech ruhen lassen, herausnehmen, auf einem Kuchengitter auskühlen lassen.

🕑 Zubereitung: 30 Min.	🕑 Marinierzeit: 30 Min.
🕑 Backzeit: 25 Min.	Pro Stück ca.: 265 kcal

Mint-Chocolate-Chip-Muffins

Gelingt leicht
200 g Mehl, 2 gehäufte TL Backpulver, 100 g Zucker
200 g Schmand, 80 g geschmolzene Butter
1 Prise Salz, 2 Eier, 24 Schoko-Mint-Täfelchen
Für die Garnitur:
1 EL Puderzucker, einige Minzeblättchen
12 Papierförmchen fürs Blech

1. Den Backofen vorheizen. Die Papierbackförmchen in die Vertiefungen des Muffinblechs setzen. Mehl und Backpulver mischen. Zucker mit Schmand, Butter und Salz verquirlen. Die Eier einrühren. Die Mehlmischung zügig unterrühren.

2. Den Teig in die Blechvertiefungen füllen, je 2 Mint-Täfelchen senkrecht nebeneinander tief in den Teig stecken. Im Backofen bei 180° (Mitte, Umluft 160°) 20–25 Min. backen. 5 Min. im Blech ruhen lassen, herausnehmen, auf einem Kuchengitter auskühlen lassen.

3. Für die Garnitur Muffins dünn mit Puderzucker bestäuben und mit Minzeblättchen dekorieren.

🕐 Zubereitung: 15 Min.
🕐 Backzeit: 25 Min.   Pro Stück ca.: 245 kcal

Arme-Ritter-Muffins

Gelingt leicht
300 g Sahne, 100 g Zucker
6 Eier, Mark von 1 Vanilleschote
1 Prise Salz, 16 Scheiben Toastbrot (400 g)
200 g Fruchtaufstrich (z. B. Kirsche, Himbeer,
Erdbeer oder Apfel)
Fett fürs Blech

1. Die Sahne mit Zucker, Eiern, Vanillemark und Salz kräftig verquirlen. Die Toastbrotscheiben knapp entrinden und in 1 cm große Würfel schneiden.

2. Das Muffinblech dünn fetten. Knapp die Hälfte der Brotwürfel in den Blechvertiefungen verteilen. Je 1 EL Fruchtaufstrich darauf verstreichen, die übrigen Würfel darüber streuen, gut andrücken. Die Eiersahne darüber gießen und etwa 15 Min. ruhen lassen.

3. Den Backofen vorheizen. Die Muffins bei 180° (Mitte, Umluft 160°) etwa 20 Min. backen. 5 Min. im Blech ruhen lassen, herausnehmen und auf einem Kuchengitter abkühlen lassen. Lauwarm servieren.

🕐 Zubereitung: 30 Min.   🕐 Ruhezeit: 15 Min.
🕐 Backzeit: 20 Min.   Pro Stück ca.: 285 kcal

Gelingt leicht
100 g Mehl
150 g geschälte gemahlene Mandeln
2 gehäufte TL Backpulver
300 g Möhren
abgeriebene Schale von 1 unbehandelten Orange
4 EL Kirschwasser (ersatzweise Orangensaft)
2 Eier
100 g Zucker
1 Prise Salz
100 g geschmolzene Butter
Für die Garnitur:
50 g Puderzucker
2 EL Kirschwasser (ersatzweise Orangensaft)
12 kleine Marzipan-Möhren (Fertigprodukt, ersatzweise sehr fein geschnittene Möhrenstreifen)
12 Papierförmchen oder Fett fürs Blech

Für Hobbybäcker
100 g Zartbitterschokolade
50 g Butter
3 Eier
1 Prise Salz
60 g Zucker
50 g geschälte gemahlene Mandeln
2 EL Semmelbrösel
200 g Sahne
2 Päckchen Vanillezucker
Fett und geschälte gemahlene Mandeln fürs Blech

Rübli-Muffins

1. Den Backofen vorheizen. Die Papierförmchen in die Vertiefungen des Muffinblechs setzen oder das Blech dünn fetten.

2. Mehl, Mandeln und Backpulver mischen. Die Möhren schälen und fein reiben. Mit der Orangenschale und dem Kirschwasser vermengen.

3. Die Eier mit Zucker und Salz hellschaumig schlagen. Zuerst die Möhrenmischung, dann die Mehlmischung und zuletzt die Butter zügig unterrühren.

4. Den Teig in die Blechvertiefungen füllen. Im Backofen bei 180° (Mitte, Umluft 160°) 20–25 Min. backen. 5 Min. im Blech ruhen lassen, herausnehmen und auf einem Kuchengitter auskühlen lassen.

5. Für die Garnitur Puderzucker mit Kirschwasser zu einem dicklichen Guss verrühren. Jeweils einen Klecks in die Mitte der Muffins setzen und die Marzipan-Möhren leicht hineindrücken. Trocknen lassen.

🕐 Zubereitung: 25 Min.

🕐 Backzeit: 25 Min.　　　Pro Stück ca.: 270 kcal

Mohr-im-Hemd-Muffins

1. Den Backofen vorheizen. Das Muffinblech dünn fetten und mit gemahlenen Mandeln ausstreuen.

2. 50 g Schokolade und die Butter bei geringer Hitze unter Rühren schmelzen lassen. Die Eier trennen. Die Eiweiße mit Salz steif schlagen. 30 g Zucker unter Rühren einrieseln lassen.

3. Die Eigelbe mit 30 g Zucker hellschaumig schlagen. Den Eischnee, die Mandeln und Semmelbrösel darauf geben und mit dem Schneebesen locker unterheben.

4. Den Teig in die Blechvertiefungen füllen. Im Backofen bei 180° (Mitte, Umluft 160°) etwa 15 Min. backen. 5 Min. im Blech ruhen lassen, herausnehmen und auf einem Kuchengitter auskühlen lassen.

5. 100 g Sahne, 50 g Schokolade und 1 Päckchen Vanillezucker bei mittlerer Hitze unter Rühren schmelzen und einmal aufkochen lassen. 100 g Sahne mit 1 Päckchen Vanillezucker halbsteif schlagen. Jedes Muffin mit etwas Schokosauce überziehen und einen Klecks Sahne darauf setzen.

🕐 Zubereitung: 20 Min.

🕐 Backzeit: 15 Min.　　　Pro Stück ca.: 205 kcal

Für Hobbybäcker
400 g Mehl
1 Würfel Hefe (42 g)
150 g Zucker
etwa 100 ml lauwarme Milch
4 Eier
150 g weiche Butter
2 EL Rum
1 Prise Salz
Für die Garnitur:
1 Eigelb
2 EL Milch
2 EL Hagelzucker (wer mag, ersatzweise Mandelblättchen oder Mohnsamen)
Mehl zum Arbeiten
Fett fürs Blech

Buttrige Germ-Muffins

1. Das Mehl in eine Schüssel geben und in die Mitte eine Mulde drücken. Die Hefe zerbröckeln, mit 2 TL Zucker und etwas Milch verrühren. In die Mulde gießen und mit Mehl bestäuben. Mit einem feuchten Tuch abgedeckt an einem warmen Ort 15 Min. gehen lassen.

2. Den Teigansatz mit Eiern, 140 g Zucker, Butter, Rum, Salz und so viel Milch mit den Knethaken des Handrührgeräts verkneten, dass ein sehr feuchter, geschmeidiger Teig entsteht. Den Teig mit Mehl überstäuben und abgedeckt weitere 30 Min. gehen lassen.

3. Den Teig nochmals mit den Knethaken kräftig durchkneten, mit Mehl überstäuben und erneut 30 Min. gehen lassen.

4. Das Muffinblech dünn fetten. Den Teig ein letztes Mal mit den Knethaken durcharbeiten und mit einem Löffel in die Blechvertiefungen füllen. Mit etwas Mehl überstäuben und 15 Min. gehen lassen. Den Backofen vorheizen.

5. Für die Garnitur Eigelb und Milch verrühren und die Germ-Muffins vorsichtig damit bestreichen. Mit Hagelzucker – wer mag – bestreuen.

6. Die Muffins im Backofen bei 180° (Mitte, Umluft 160°) etwa 15 Min. backen. 5 Min. im Blech ruhen lassen, herausnehmen und auf einem Kuchengitter auskühlen lassen.

Tipp

Besonders zart und luftig werden die Muffins, wenn Sie sie in »feuchter Luft« backen. Dazu das Blech mit dem Teig in den vorgeheizten Ofen schieben, eine Tasse Wasser auf den Ofenboden gießen und die Ofentüre sofort schließen.

🕐 Zubereitung: 25 Min.

🕐 Ruhezeit: 1 Std. 30 Min.

🕐 Backzeit: 15 Min.

Pro Stück ca.: 220 kcal

Für Hobbybäcker
4 Platten tiefgekühlter Blätter-
teig (300 g)
800 g kleine säuerliche Äpfel
Saft von 1 Zitrone
200 g feinster Zucker
100 g Butter
Mehl zum Arbeiten

Tipp

Am besten den Backofenboden mit Alufolie auslegen, da der Saft der Äpfel vom Blech tropfen kann. Zum Herausnehmen der Muffins eine große Platte über das Blech legen, beides festhalten und in einem Schwung umdrehen. Tarte-Tatin-Muffins schmecken lauwarm mit Vanilleeis oder kalt mit Vanillesahne.

Tarte-Tatin-Muffins

1. Die Blätterteigplatten neben-einander auf der Arbeitsfläche auftauen lassen.

2. Den Backofen vorheizen. Die Äpfel schälen, vierteln, entker-nen und in Spalten schneiden. Mit dem Zitronensaft vermischen.

3. Den Zucker dünn in einen Topf streuen und bei mittlerer Hitze goldbraun karamellisieren lassen. Die Butter mit dem Schneebesen nach und nach einrühren, bis eine homogene Masse entstanden ist. Unbedingt warm halten, da der Karamell schnell fest wird.

4. Die Apfelspalten in den Vertie-fungen des Muffinblechs an-ordnen. Je 1 EL Karamell darüber ver-teilen.

5. Die Teigplatten aufeinander legen und auf bemehlter Arbeits-fläche 4–5 mm dick ausrollen. Kreise (8 cm Ø) ausstechen, mit der Gabel einstechen, leicht auf die Äpfel drücken.

6. Im Backofen bei 220° (Mitte, Umluft 200°) etwa 15 Min. backen. Mit einem dicken Holzbrett beschweren, 5 Min. im Blech ruhen lassen. Herausnehmen und lauwarm oder kalt servieren.

⏱ Zubereitung: 40 Min.	
⏱ Backzeit: 15 Min.	Pro Stück ca.: 265 kcal

Für Hobbybäcker
200 g Mehl
80 g kalte Butter
150 g feinster Zucker
2 Eiweiße
1 Prise Salz
400 g Sahne
200 ml Milch
8 Eigelbe
2 Päckchen Vanillezucker
Mark von 1 Vanilleschote
Fett fürs Blech
Mehl fürs Blech und
zum Arbeiten

Tipp

Die Muffins sofort nach dem Aus-kühlen grillen. Stehen sie zu lange, weicht der Mürbeteig auf. Sehr gut schmecken dazu mari-nierte Himbeeren, Brombeeren oder Erdbeeren.

Muffins brûlés

1. Das Mehl mit Butter in Flöck-chen, 60 g Zucker, Eiweißen und Salz rasch zu einem glatten Teig ver-kneten. In Frischhaltefolie wickeln und 30 Min. kühl stellen. Das Muffinblech dünn fetten, mit Mehl ausstreuen und in den Kühlschrank stellen.

2. Teig auf bemehlter Arbeitsfläche 3 mm dick ausrollen. 12 Kreise (5 cm Ø) ausstechen und in die Ver-tiefungen des Muffinblechs legen. Aus den Teigresten Streifen (3 cm breit) schneiden und die Ränder damit aus-legen. Am Boden andrücken, überste-henden Teig abschneiden. Mit der Gabel einstechen, kühl stellen.

3. Den Backofen vorheizen. Sahne, Milch, Eigelbe, 50 g Zucker, Vanillezucker und -mark verrühren.

4. Das Blech auf den Rost im Back-ofen (unten) stellen. Die Sahne-milch in die Vertiefungen füllen, locker mit Alufolie abdecken. Im Ofen bei 180° (Umluft 160°) 35–40 Min. ba-cken. Im Blech auskühlen lassen, dann vorsichtig herausnehmen.

5. Den Backofengrill vorheizen. Die Muffins auf das Ofenblech setzen, mit 40 g Zucker bestreuen. Im Ofen (oben) 1–2 Min. grillen, bis der Zucker karamellisiert. Sofort servieren.

⏱ Zubereitung: 1 Std.	⏱ Kühlzeit: 30 Min.
⏱ Backzeit: 40 Min.	Pro Stück ca.: 325kcal

Gelingt leicht
80 g Löffelbiskuits
70 ml starker Espresso
2 EL Amaretto
500 g Mascarpone
100 g Sahne
150 g Zucker
2 Eier
1 Prise Salz
Für die Garnitur:
24 Himbeeren
2 EL Kakaopulver
Fett und feine Löffelbiskuit-
brösel fürs Blech

Tiramisu-Muffins

1. Den Backofen vorheizen. Das Muffinblech dünn fetten und mit den Bröseln ausstreuen.

2. Die Löffelbiskuits mit der Küchenschere in 5 mm breite Stücke schneiden und in die Blechvertiefungen füllen. Mit Espresso und Amaretto beträufeln.

3. Den Mascarpone mit Sahne, Zucker, Eiern und Salz gründlich verrühren. Gleichmäßig auf den Biskuitstücken verstreichen.

4. Im Backofen bei 130° (Mitte, Umluft 110°) etwa 30 Min. backen. Den Ofen ausschalten, die Tür spaltbreit öffnen und die Muffins abkühlen lassen. Vorsichtig herausnehmen, auf einem Kuchengitter auskühlen lassen.

5. Für die Garnitur die Himbeeren bei Bedarf abbrausen und trockentupfen. Die Muffins mit Kakao bestäuben und mit Himbeeren belegen.

🕐 Zubereitung: 20 Min.

🕐 Backzeit: 30 Min. | Pro Stück ca.: 320 kcal

Gelingt leicht
100 g kandierte Kirschen
80 g Pistazien
100 g weiße Schokolade
200 g Mehl
2 gehäufte TL Backpulver
100 g Zucker
200 g saure Sahne
80 g geschmolzene Butter
1 Prise Salz
2 Eier
12 Papierförmchen oder
Fett fürs Blech

Margherita-Muffins

1. Den Backofen vorheizen. Die Papierförmchen in die Vertiefungen des Muffinblechs setzen oder das Blech dünn fetten.

2. Die Kirschen fein schneiden, die Pistazien fein hacken und die Schokolade klein würfeln.

3. Mehl und Backpulver mischen. Den Zucker mit saurer Sahne, Butter und Salz verquirlen. Die Eier einrühren. Die Mehlmischung zügig unterrühren. Den Teig in 3 Portionen teilen. Je 1 Portion mit Pistazien, Schokolade und Kirschen mischen.

4. Die 3 Teige jeweils lagenweise in die Blechvertiefungen füllen. Im Backofen bei 180° (Mitte, Umluft 160°) 20–25 Min. backen. 5 Min. im Blech ruhen lassen, herausnehmen und auf einem Kuchengitter auskühlen lassen.

🕐 Zubereitung: 25 Min.

🕐 Backzeit: 25 Min. | Pro Stück ca.: 280 kcal

Für Geübte
100 g Mehl
1/2 TL Backpulver
100 g weiche Butter
150 g Zucker
2 Päckchen Vanillezucker
2 Prisen Salz
4 Eier
4 Blatt weiße Gelatine
250 ml Milch
Mark von 1 Vanilleschote
250 g Erdbeeren
4 EL Sherry (ersatzweise Birnensaft)
150 g Sahne
Für die Garnitur:
100 g Sahne
1 Päckchen Vanillezucker
12 kleine Erdbeeren
Fett fürs Blech
12 Papierförmchen

Tipp

Statt frischer Erdbeeren können Sie auch sehr gut Kompottfrüchte verwenden.

Trifle-Muffins

1. Den Backofen vorheizen. Das Muffinblech dünn fetten. Mehl und Backpulver mischen. Die Butter mit 50 g Zucker, 1 Päckchen Vanillezucker und 1 Prise Salz cremig rühren. 2 Eier nacheinander unterschlagen. Die Mehlmischung zügig unterrühren.

2. Den Teig in die Blechvertiefungen füllen, glatt streichen. Im Backofen bei 180° (Mitte, Umluft 160°) etwa 15 Min. backen. 5 Min. im Blech ruhen lassen, herausnehmen und auf einem Kuchengitter auskühlen lassen.

3. Die Gelatine 10 Min. in kaltem Wasser einweichen. Milch, 100 g Zucker, Vanillemark und 1 Prise Salz aufkochen (am besten in einem beschichteten Topf).

4. 3–4 EL Vanillemilch mit 2 Eiern verrühren. Die Eimasse mit dem Schneebesen unter die Milch rühren. Unter ständigem Schlagen bei geringer bis mittlerer Hitze mit dem Schneebesen erhitzen, bis die Masse dick wird. Die Gelatine ausdrücken und unterrühren. Die Creme abkühlen lassen, dabei gelegentlich durchrühren.

5. Falls die Muffins in der Mitte zu hoch gewölbt sind, flacher schneiden. Die Muffins quer halbieren und die unteren Teile in Papierförmchen setzen.

6. Die Erdbeeren abbrausen, trockentupfen, entkelchen und grob würfeln. Mit dem Sherry pürieren. Die Sahne mit 1 Päckchen Vanillezucker steif schlagen und unter die Creme heben, sobald diese zu gelieren beginnt.

7. Die Muffinböden mit der Häfte des Erdbeerpürees und der Creme bedecken. Die oberen Muffinhälften auflegen und andrücken. Übriges Püree und restliche Creme darauf verteilen. Mindestens 1 Std. kühl stellen.

8. Für die Garnitur die Sahne mit Vanillezucker steif schlagen. Sahnetupfer auf die Muffins spritzen. Die Erdbeeren waschen, entkelchen – wer mag – und in die Sahne setzen.

⏱ Zubereitung: 1 Std.	⏱ Kühlzeit: 1 Std.
⏱ Backzeit: 15 Min.	Pro Stück ca.: 250 kcal

Gelingt leicht
60 g Butterkekse
200 g Mehl
200 g kalte Butter
100 g Zucker
300 g tiefgekühlte Beerenmischung
2 Päckchen Vanillezucker
12 Papierförmchen fürs Blech

Beeren-Crumble-Muffins

1. Den Backofen vorheizen. Die Papierförmchen in die Vertiefungen des Muffinblechs setzen.

2. Die Butterkekse zerbröseln. Mehl, Butter in Flöckchen und Zucker mit den Händen zu Streuseln verarbeiten. 250 g abnehmen und kühl stellen. Die restlichen Streusel locker mit den Keksbröseln mischen.

3. Die Bröselmischung in die Blechvertiefungen füllen. Die Beeren (unaufgetaut!) darauf verteilen, mit Vanillezucker bestreuen. Mit den gekühlten Streuseln bedecken.

4. Im Backofen bei 180° (Mitte, Umluft 160°) 20–25 Min. backen. 5 Min. im Blech ruhen lassen, herausnehmen und auf einem Kuchengitter auskühlen lassen.

Variante

Kirsch-Crumble-Muffins
100 g Mehl durch gemahlene Mandeln ersetzen und statt der Beerenmischung tiefgekühlte Sauerkirschen verwenden.

⏲ Zubereitung: 20 Min.	
⏲ Backzeit: 25 Min.	Pro Stück ca.: 250 kcal

Für Hobbybäcker
6 Orangen (1 kg, davon
1 unbehandelt)
60 ml Sherry
1 Päckchen Vanillezucker
200 g Mehl
2 gehäufte TL Backpulver
150 g Zucker
200 g Schmand
80 g geschmolzene Butter
1 Prise Salz
2 Eier
12 Papierförmchen oder
Fett fürs Blech

Tipp

Wer möchte, rührt aus 100 g Puderzucker und 3 EL Sherry einen Guss und bestreicht die Muffins vor oder nach dem Auskühlen damit.

Muffins »Olé«

1. 1 unbehandelte Orange heiß waschen, abtrocknen und die Hälfte der Schale dünn abreiben. Alle Orangen dick schälen, dabei die weiße Haut mit entfernen. Fruchtfilets herausschneiden, dabei Saft auffangen.

2. Den Orangensaft mit Sherry und Vanillezucker bei starker Hitze in 10–15 Min. auf 4 EL einkochen. Die Orangenschale und -filets untermischen und abgedeckt etwa 30 Min. marinieren.

3. Den Backofen vorheizen. Die Papierförmchen in die Vertiefungen des Muffinblechs setzen oder das Blech dünn fetten.

4. Die Orangenfilets in einem Sieb abtropfen lassen, die Marinade auffangen. Mehl und Backpulver mischen. Zucker mit Schmand, Butter, Marinade und Salz verquirlen. Die Eier einrühren. Die Mehlmischung zügig unterrühren.

5. Je 1 EL Teig in die Blechvertiefungen füllen und mit zwei Dritteln der Orangenfilets belegen. Den übrigen Teig darauf verteilen und die restlichen Filets hineinstecken. Im Backofen bei 180° (Mitte, Umluft 160°) 20–25 Min. backen. 5 Min. im Blech ruhen lassen, herausnehmen und auf einem Kuchengitter auskühlen lassen.

⏲ Zubereitung: 40 Min.	⏲ Marinierzeit: 30 Min.
⏲ Backzeit: 25 Min.	Pro Stück ca.: 240 kcal

Gelingt leicht
70 g Butterkekse
100 g Zucker
50 g geschmolzene Butter
200 g Doppelrahm-Frischkäse
200 g saure Sahne
200 g Crème fraîche
2 Eier
abgeriebene Schale von
1 unbehandelten Zitrone
12 Papierförmchen fürs Blech

Tipp

Etwas mehr Bröselmasse zubereiten und in der Pfanne bei mittlerer Hitze leicht rösten. Lauwarm über die kalten Muffins streuen, sofort servieren.

American-Cheesecake-Muffins

1. Die Papierförmchen in die Vertiefungen des Muffinblechs setzen. Die Butterkekse zerbröseln und mit 20 g Zucker und der Butter gründlich vermischen. Die Bröselmasse in die Blechvertiefungen füllen und festdrücken. Das Blech gut kühlen (am besten im Gefrierschrank). Den Backofen vorheizen.

2. Den Frischkäse mit saurer Sahne und Crème fraîche glatt rühren. 80 g Zucker, Eier und die Zitronenschale untermischen. Die Creme auf den Bröselböden verteilen.

3. Im Backofen bei 150° (Mitte, Umluft 110°) etwa 30 Min. backen. Den Ofen ausschalten, spaltbreit öffnen und die Muffins im Ofen etwa 1 Std. auskühlen lassen.

4. Die Muffins herausnehmen und sofort servieren oder zuvor abgedeckt auf einem Kuchengitter 3 Std. kühlen.

⏱ Zubereitung: 30 Min.	⏱ Kühlzeit: 4 Std.
⏱ Backzeit: 30 Min.	Pro Stück ca.: 235 kcal

Gelingt leicht
80 g Kokosraspel
50 ml Kokoslikör
2 Päckchen Bourbon Vanillezucker
2 Bananen (350 g)
Saft von 1 Zitrone
200 g Mehl
2 gehäufte TL Backpulver
150 g Zucker
200 g Crème fraîche
80 g geschmolzene Butter
1 Prise Salz
2 Eier
12 Papierförmchen oder
Fett fürs Blech

Karibik-Muffins

1. Den Backofen vorheizen. Die Papierförmchen in die Vertiefungen des Muffinblechs setzen oder das Blech dünn fetten.

2. Die Kokosraspel mit Kokoslikör und Vanillezucker mischen. Die Bananen schälen, in dünne Scheiben schneiden und mit Zitronensaft beträufeln.

3. Mehl und Backpulver mischen. Zucker mit Crème fraîche, Butter und Salz verquirlen. Die Eier einrühren. Die Mehlmischung, die Kokosraspel und die marinierten Bananenscheiben zügig unterrühren.

4. Den Teig in die Blechvertiefungen füllen. Im Backofen bei 180° (Mitte, Umluft 160°) 20–25 Min. backen. 5 Min. im Blech ruhen lassen, herausnehmen und auf einem Kuchengitter auskühlen lassen.

Tipp

Besonders dekorativ sehen die Muffins mit Mini-Bananen aus. Dafür 12 Mini-Bananen (je etwa 80 g) längs halbieren, mit Zitronensaft bestreichen und leicht in den Teig drücken.

⏱ Zubereitung: 20 Min.	
⏱ Backzeit: 25 Min.	Pro Stück ca.: 300 kcal

Für Hobbybäcker
4 Platten tiefgekühlter Blätter-
teig (etwa 300 g)
40 g Pistazien
130 g Mandeln
130 g Haselnusskerne
Saft von 2 Zitronen
50 g Honig
2 TL Rosenwasser (aus der
Apotheke oder dem Backregal
gut sortierter Supermärkte)
1/2 TL Zimt
etwas frisch geriebene Muskatnuss
2 Eiweiße
1 Prise Salz
175 g Zucker
50 g geschmolzene Butter
Mehl zum Arbeiten
12 Papierförmchen fürs Blech

Baklava-Muffins

1. Die Blätterteigplatten neben-einander auf der Arbeitsfläche auftauen lassen.

2. Pistazien, Mandeln und Hasel-nüsse in der Küchenmaschine fein zerkleinern. Saft von 1 Zitrone, Honig, Rosenwasser, Zimt und Muskat gründlich untermischen.

3. Den Backofen vorheizen. Die Papierförmchen in die Vertie-fungen des Muffinblechs setzen.

4. Die Eiweiße mit dem Salz steif schlagen. 100 g Zucker unter Rühren einrieseln lassen und weiter-schlagen, bis die Masse glänzt. Die Baisermasse vorsichtig unter die Nuss-mischung heben.

5. Die Teigplatten aufeinander legen und auf bemehlter Arbeitsfläche 1–2 mm dick ausrollen. 12 Kreise (5 cm Ø) und 24 Kreise (7 cm Ø) ausstechen.

6. Die Kreise mit Butter bestrei-chen. Die kleinen Teigkreise in die Blechvertiefungen legen. Mit der Hälfte der Nussmasse bestreichen. Je 1 großen Teigkreis auflegen und die restliche Nussmasse darauf verteilen. Die letzten Teigkreise auflegen. Gut andrücken und mit einer Gabel ein-stechen.

7. Im Backofen bei 180° (Mitte, Umluft 160°) 15–20 Min. backen. 5 Min. im Blech ruhen lassen, herausnehmen und auf einem Kuchen-gitter auskühlen lassen.

8. 75 g Zucker mit 75 ml Wasser bei starker Hitze in 7–8 Min. sirupartig einkochen lassen. Mit dem Saft von 1 Zitrone abschmecken. Den Sirup zu den Baklava-Muffins ser-vieren.

◷ Zubereitung: 40 Min.	◷ Garzeit: 8 Min.
◷ Backzeit: 20 Min.	Pro Stück ca.: 365 kcal

Orient-Muffins

Gelingt leicht
4 Granatäpfel (1 kg)
60 g Couscous
140 g Mehl
2 gehäufte TL Backpulver
100 g brauner Zucker
2 Päckchen Vanillezucker
150 g saure Sahne
80 g geschmolzene Butter
1 Prise Salz
2 Eier
Für die Garnitur:
1 Stück kandierte Papaya
12 Papierförmchen oder
Fett fürs Blech

1. Die Granatäpfel halbieren und 300 g Kerne herauslösen. Aus den übrigen Hälften 100 ml Saft auspressen. Den Saft aufkochen, vom Herd nehmen, den Couscous einstreuen und ausquellen lassen.

2. Den Backofen vorheizen. Die Papierförmchen in die Vertiefungen des Muffinblechs setzen oder das Blech dünn fetten.

3. Mehl und Backpulver mischen. Zucker und Vanillezucker mit saurer Sahne, Butter und Salz verquirlen. Die Eier einrühren. Mehlmischung, Couscous und Granatapfelkerne zügig unterrühren.

4. Den Teig in die Blechvertiefungen füllen. Im Backofen bei 180° (Mitte, Umluft 160°) 20–25 Min. backen. 5 Min. im Blech ruhen lassen, herausnehmen und auf einem Kuchengitter auskühlen lassen.

5. Für die Garnitur die Papaya in möglichst große, dünne Scheiben schneiden und Monde ausstechen. Die Papayamonde aufrecht leicht in die Muffins drücken.

🕐 Zubereitung: 35 Min.

🕐 Backzeit: 25 Min. | Pro Stück ca.: 210 kcal

Blue-Nil-Muffins

Gelingt leicht
120 g getrocknete entsteinte Datteln
120 g getrocknete Feigen
60 g Pistazien
Saft von 1 Zitrone
200 g Mehl
2 gehäufte TL Backpulver
100 g Honig
200 g Joghurt
80 g geschmolzene Butter
1 Prise Salz
2 Eier
Für die Garnitur:
2 EL Pistazien
2–3 EL Feigenkonfitüre
12 Papierförmchen oder
Fett fürs Blech

1. Den Backofen vorheizen. Die Papierförmchen in die Vertiefungen des Muffinblechs setzen oder das Blech dünn fetten.

2. Die Datteln und Feigen in etwa 1 cm große Würfel schneiden. Mit Pistazien und Zitronensaft mischen.

3. Mehl und Backpulver mischen. Honig mit Joghurt, Butter und Salz verquirlen. Die Eier einrühren. Die Mehlmischung und die Fruchtmischung zügig unterrühren.

4. Den Teig in die Blechvertiefungen füllen. Im Backofen bei 180° (Mitte, Umluft 160°) 20–25 Min. backen. 5 Min. im Blech ruhen lassen, herausnehmen und auf einem Kuchengitter auskühlen lassen.

5. Für die Garnitur die Pistazien längs halbieren oder grob hacken. Die Konfitüre erhitzen und je 1 Klecks in die Mitte der Muffins geben. Mit den Pistazien bestreuen.

🕐 Zubereitung: 25 Min.

🕐 Backzeit: 25 Min. | Pro Stück ca.: 260 kcal

Für Hobbybäcker

1 Kokosnuss (etwa 400 g)
1 Möhre (etwa 100 g)
200 g Mehl
2 gehäufte TL Backpulver
300 g Zucker
200 g saure Sahne
80 g geschmolzene Butter
2 Prisen Salz
2 Eier
2 rote Chilischoten
2 Eiweiße
12 Papierförmchen oder
Fett fürs Blech

Hot-Bangkok-Muffins

1. Die Kokosnuss 2–3 Std. in kaltes Wasser legen. Über dem Spülbecken mit dem Hammer aufschlagen. Das Kokosfleisch herauslösen und die dünne braune Haut abschälen.

2. Den Backofen vorheizen. Die Papierförmchen in die Vertiefungen des Muffinblechs setzen oder das Blech dünn fetten.

3. Möhre schälen, mit 150 g Kokosfleisch grob raspeln. Mehl und Backpulver mischen. 150 g Zucker mit saurer Sahne, Butter und 1 Prise Salz verquirlen. Eier einrühren. Mehlmischung und Raspel zügig unterrühren.

4. Den Teig in die Blechvertiefungen füllen. Im Backofen bei 180° (Mitte, Umluft 160°) 20–25 Min. backen. 5 Min. im Blech ruhen lassen, herausnehmen und auf einem Kuchengitter auskühlen lassen.

5. 100 g Kokosfleisch fein reiben. Die Chilis waschen, entstielen, entkernen – wer mag – und fein hacken. Eiweiße mit 1 Prise Salz steif schlagen. 150 g Zucker unter Rühren einrieseln lassen und weiterschlagen, bis die Masse glänzt. Kokosnuss und Chilis untermischen. Die Masse auf die Muffins häufen.

⏱ Zubereitung: 35 Min.	⏱ Ruhezeit: 3 Std.
⏱ Backzeit: 25 Min.	Pro Stück ca.: 305 kcal

Für Hobbybäcker

340 ml Milch
1 Prise Salz
2 Päckchen Vanillezucker
170 g Milchreis
60 g Pistazien
1 Papaya (etwa 300 g)
2 Eier
150 g Zucker
50 ml Weißwein
Fett fürs Blech

Süße Sushi-Muffins

1. Die Milch mit 340 ml Wasser, Salz und Vanillezucker aufkochen. Reis einstreuen und im geschlossenen Topf bei geringer Hitze etwa 30 Min. quellen lassen. Dabei gelegentlich umrühren. Vom Herd nehmen, im geschlossenen Topf auskühlen lassen.

2. Den Backofen vorheizen. Das Muffinblech dünn fetten. Die Pistazien sehr fein hacken und die Blechvertiefungen damit ausstreuen. Das Blech abklopfen und nicht haftende Pistazien auffangen, beiseite stellen.

3. Die Papaya halbieren, entkernen, schälen und in Stifte (4 x 1 cm) schneiden. Die Eier trennen, die Eiweiße steif schlagen. Die Eigelbe mit Zucker und Wein hellschaumig schlagen. Den Reis untermischen, den Eischnee unterheben.

4. Die Reismasse in die Blechvertiefungen füllen, die Papayastifte längs in die Mitte drücken. Im Backofen bei 180° (Mitte, Umluft 160°) etwa 30 Min. backen.

5. Die Muffins 5 Min. im Blech ruhen lassen. Herausnehmen und den Rand in den beiseite gestellten Pistazien wenden. Auf einem Kuchengitter auskühlen lassen.

⏱ Zubereitung: 35 Min.	⏱ Garzeit: 30 Min.
⏱ Backzeit: 30 Min.	Pro Stück ca.: 175 kcal

Muffins voll im Trend

Die Unschlagbaren

Muffins sind eigentlich immer »in« – ganz besonders, wenn sie mit den angesagtesten Zutaten der Saison zubereitet werden und genau den Zeitgeist treffen. Dann nämlich werden sie fast zum Muss und dürfen in keiner Rezeptsammlung fehlen.

Mit Crazy-Popkorn- und Cuba-Libre-Muffins wird der Fernsehabend zu Hause zum wahren Kinoerlebnis. Latte-Macchiato-Muffins und Muffins Sacher Art verwandeln die Küche daheim in ein Kaffeehaus oder in eine Espresso-Bar und mit Fit-for-Fun-Muffins kann das morgendliche Joggen auch mal ausfallen.

Cuba-Libre-Muffins

Gelingt leicht

**150 g Colafläschchen, 200 g Mehl, 2 gehäufte TL Back-
pulver, 100 g Zucker, 200 g Crème fraîche, 80 g geschmolzene Butter, Saft von 2 Limetten, 1 Prise Salz
2 Eier, 50 ml weißer Rum**

Für die Garnitur:

**abgeriebene Schale von 2 unbehandelten Limetten
2 Päckchen Vanillezucker, 12 Colafläschchen, 2 EL Rum
12 Papierförmchen fürs Blech**

1. Den Backofen vorheizen. Die Papierförmchen
in die Vertiefungen des Muffinblechs setzen. Die
Colafläschchen fein zerschneiden. Mehl und Backpulver
mischen. Zucker mit Crème fraîche, Butter, Saft von
1 Limette und Salz verquirlen. Die Eier einrühren. Die
Mehlmischung zügig unterrühren. Zwei Drittel des Teiges
in die Blechvertiefungen füllen, die Colafläschchen darauf
streuen, mit dem übrigen Teig bedecken. Im Backofen bei
180° (Mitte, Umluft 160°) 20–25 Min. backen. Sofort herausnehmen, auf ein Kuchengitter setzen, mit dem Saft
von 1 Limette und Rum beträufeln. Auskühlen lassen.

2. Für die Garnitur Limettenschale und Vanillezucker
mischen. Colafläschchen in den Rum tauchen und
im Limettenzucker wälzen. Die Muffins damit dekorieren,
mit dem übrigen Limettenzucker bestreuen.

🕐 Zubereitung: 15 Min.	
🕐 Backzeit: 25 Min.	Pro Stück ca.: 315 kcal

Campari-Cooler-Muffins

Gelingt leicht

**250 g Mehl, 2 gehäufte TL Backpulver, 150 g Zucker
150 g Schmand, 80 g geschmolzene Butter, 20 ml Orangenlikör, abgeriebene Schale von 1 unbehandelten
Orange, 80 ml frisch gepresster Orangensaft
1 Prise Salz, 2 Eier**

Für die Garnitur:

**100 g Puderzucker, 4 EL Campari, einige Minzeblätter
einige Orangenzesten, Fett fürs Blech**

1. Backofen vorheizen. Muffinblech dünn fetten. Mehl
und Backpulver mischen. Zucker mit Schmand,
Butter, Orangenlikör, -schale, -saft und Salz verquirlen. Die
Eier einrühren. Die Mehlmischung zügig unterrühren.

2. Den Teig in die Blechvertiefungen füllen. Im Backofen bei 180° (Mitte, Umluft 160°) 20–25 Min.
backen. 5 Min. im Blech ruhen lassen, herausnehmen und
auf einem Kuchengitter auskühlen lassen.

3. Für die Garnitur Puderzucker und Campari verrühren, die Muffins damit bestreichen. Mit Minze
und Orangenzesten bestreuen. Trocknen lassen.

🕐 Zubereitung: 15 Min.	
🕐 Backzeit: 25 Min.	Pro Stück ca.: 260 kcal

Crazy-Popkorn-Muffins

Gelingt leicht
1 Birne (etwa 120 g, ersatzweise 1 Apfel)
200 g Mehl, 2 gehäufte TL Backpulver
100 g Zucker, 200 g Schmand
80 g geschmolzene Butter
1 Prise Salz, 2 Eier
60 g gezuckertes Popkorn (ganz frisch)
Fett fürs Blech

1. Den Backofen vorheizen. Das Muffinblech dünn fetten. Die Birne schälen, vierteln, entkernen und grob raspeln. Mehl und Backpulver mischen.

2. Den Zucker mit Schmand, Butter und Salz verquirlen. Die Eier einrühren. Die Mehlmischung und die Birnenraspel zügig unterrühren.

3. Den Teig in die Blechvertiefungen füllen. Im Backofen bei 180° (Mitte, Umluft 160°) 10 Min. backen. Rost samt Blech etwas aus dem Ofen ziehen, das Popkorn auf die Muffins streuen, leicht andrücken. In 10–15 Min. fertig backen. 5 Min. im Blech ruhen lassen, herausnehmen, auf einem Kuchengitter auskühlen lassen.

⏱ Zubereitung: 15 Min.	
⏱ Backzeit: 25 Min.	Pro Stück ca.: 165 kcal

Muffin-Eis-Sandwiches

Gelingt leicht
2 Eier, 1 Prise Salz, 50 g Zucker, 50 g Mehl
500 g Eis (Geschmack nach Wahl, leicht angetaut)
Fett und Mehl fürs Blech, 12 Papierförmchen

1. Den Backofen vorheizen. Das Muffinblech dünn fetten und mit Mehl ausstäuben. Eier trennen, die Eiweiße mit Salz steif schlagen. Die Eigelbe mit Zucker und 1 EL lauwarmem Wasser hellschaumig schlagen. Den Eischnee und das Mehl darauf geben und mit dem Schneebesen locker unterheben.

2. Den Teig in die Blechvertiefungen füllen. Im Backofen bei 180° (Mitte, Umluft 160°) etwa 10 Min. backen. 5 Min. im Blech ruhen lassen, herausnehmen und auf einem Kuchengitter auskühlen lassen.

3. Die Muffins quer halbieren, die unteren Hälften in Papierförmchen setzen. Das Eis cremig rühren und gleichmäßig auf den Böden verstreichen. Die oberen Muffinhälften auflegen und andrücken. Im Gefrierschrank in 1–2 Std. fest werden lassen.

⏱ Zubereitung: 25 Min.	⏱ Gefrierzeit: 2 Std.
⏱ Backzeit: 10 Min.	Pro Stück ca.: 110 kcal

Gelingt leicht
1 EL Kaffeebohnen
250 g Mehl
2 gehäufte TL Backpulver
150 g Zucker
200 g Schmand
80 g geschmolzene Butter
70 ml Espresso
1 Prise Salz
2 Eier
125 ml Karamellsauce
(Fertigprodukt)
Für die Garnitur:
200 g Sahne
12 Kaffeebohnen
Karamellsauce (wer mag)
12 Papierförmchen oder
Fett fürs Blech

L'altro-Mondo-Muffins

1. Den Backofen vorheizen. Die Papierförmchen in die Vertiefungen des Muffinblechs setzen oder das Blech dünn fetten.

2. Die Kaffeebohnen im Mörser fein zerstoßen. Mehl und Backpulver mischen. Zucker mit Schmand, Butter, Espresso und Salz verquirlen. Die Eier einrühren. Die Mehlmischung zügig unterrühren.

3. Je 1 EL Teig in die Blechvertiefungen füllen und die Hälfte der Karamellsauce darüber verteilen. Erneut 1 EL Teig darauf geben und mit der übrigen Sauce bedecken. Den restlichen Teig darauf geben. Mit den zerstoßenen Kaffeebohnen bestreuen.

4. Die Muffins im Backofen bei 180° (Mitte, Umluft 160°) 20–25 Min. backen. 5 Min. im Blech ruhen lassen, herausnehmen und auf einem Kuchengitter auskühlen lassen.

5. Für die Garnitur die Sahne steif schlagen. In einen Spritzbeutel mit sehr großer Sterntülle füllen und je 1 Tupfer auf die Muffins setzen. Mit je 1 Kaffeebohne dekorieren und etwas Karamellsauce – wer mag – darüber laufen lassen. Sofort servieren.

Tipp

Karamellsauce selbst gemacht
Für etwa 150 ml Sauce auf den Boden eines weiten Topfes gleichmäßig dünn 100 g Zucker streuen. Bei mittlerer Hitze schmelzen und goldgelb werden lassen. 20 g Butter in Flöckchen zugeben und unter Rühren schmelzen lassen. 100 g Sahne zugießen und bei starker Hitze 3–4 Min. kochen lassen, dabei ständig weiterrühren. Die Karamellsauce entweder abgekühlt sofort verwenden oder in eine gründlich gesäuberte, kleine Flasche füllen, gut verschließen und auskühlen lassen. Kühl aufbewahrt hält sich die Sauce etwa 1 Monat.

Zubereitung: 25 Min.

Backzeit: 25 Min.

Pro Stück ca.: 310 kcal

Gelingt leicht
250 g Zucker
1/2 TL Speisestärke
4 Eier
2 Prisen Salz
250 g Mehl
2 TL Backpulver
200 g Schmand
80 g geschmolzene Butter
100 ml Milch
6 TL Instant-Espressopulver
12 Papierförmchen oder
Fett fürs Blech

Latte-Macchiato-Muffins

1. Den Backofen vorheizen. Die Papierförmchen in die Vertiefungen des Muffinblechs setzen oder das Blech dünn fetten.

2. 100 g Zucker mit der Stärke mischen. 2 Eier trennen. Die Eiweiße mit 1 Prise Salz steif schlagen. Die Zuckermischung unter Rühren einrieseln lassen und weiterschlagen, bis die Masse glänzt.

3. Mehl und Backpulver mischen. 150 g Zucker mit Schmand, Butter, Milch und 1 Prise Salz verquirlen. 2 Eier und die Eigelbe einrühren. Die Mehlmischung zügig unterrühren.

4. 4 EL Teig beiseite stellen. Den restlichen Teig mit 2 TL Espressopulver verrühren und je 1 EL in die Blechvertiefungen füllen. Den übrigen Teig mit 4 TL Espressopulver mischen und einfüllen.

5. Den beiseite gestellten Teig ganz locker unter den Eischnee heben und als »Milchschaum« auf die Muffins setzen.

6. Die Muffins im Backofen bei 180° (Mitte, Umluft 160°) 20–25 Min. backen. 5 Min. im Blech ruhen lassen, herausnehmen und auf einem Kuchengitter auskühlen lassen.

⏱ Zubereitung: 20 Min.

⏱ Backzeit: 25 Min. | Pro Stück ca.: 270 kcal

Gelingt leicht
80 ml Milch
100 g Nussnougat
80 g Butter
2 TL Instant-Espressopulver
250 g Zucker
1/2 TL Speisestärke
4 Eier
2 Prisen Salz
250 g Mehl
2 TL Backpulver
200 g Schmand
12 Papierförmchen oder
Fett fürs Blech

Tipp

Schon fast ein Muss: 100 g Nussnougat klein würfeln und auf den Teig streuen, bevor der »Milchschaum« aufgehäuft wird. So wird der Nougatgeschmack herrlich intensiv.

Nougat-Latte-Muffins

1. Den Backofen vorheizen. Die Papierförmchen in die Vertiefungen des Muffinblechs setzen oder das Blech dünn fetten. Die Milch erhitzen, Nussnougat und Butter darin unter Rühren schmelzen lassen. Das Espressopulver unterrühren.

2. 100 g Zucker mit der Stärke mischen. 2 Eier trennen. Die Eiweiße mit 1 Prise Salz steif schlagen. Die Zuckermischung unter Rühren einrieseln lassen und weiterschlagen, bis die Masse glänzt.

3. Mehl und Backpulver mischen. 150 g Zucker mit Schmand, der Nougatmilch und 1 Prise Salz verquirlen. 2 Eier und die Eigelbe einrühren. Die Mehlmischung zügig unterrühren.

4. 4 EL Teig beiseite stellen. Den restlichen Teig in die Blechvertiefungen füllen. Den beiseite gestellten Teig ganz locker unter die Baisermasse heben und als »Milchschaum« auf die Muffins setzen.

5. Die Muffins im Backofen bei 180° (Mitte, Umluft 160°) 20–25 Min. backen. 5 Min. im Blech ruhen lassen, herausnehmen und auf einem Kuchen-gitter auskühlen lassen.

⏱ Zubereitung: 20 Min.

⏱ Backzeit: 25 Min. | Pro Stück ca.: 320 kcal

Für Hobbybäcker
160 g Zartbitterschokolade
70 g Butter
4 Eier
1 Prise Salz
300 g Zucker
2 Päckchen Bourbon Vanillezucker
6 EL Aprikosenlikör (ersatzweise Weinbrand)
50 g Mehl
60 g gemahlene Mandeln
200 g Aprikosenkonfitüre
2 EL Kakao
Für die Garnitur:
50 g Zartbitterschokolade
12 kleine Tortenspitzen (etwa 10 cm Ø)
Fett und gemahlene Mandeln fürs Blech

Muffins »Sacher Art«

1. Den Backofen vorheizen. Das Muffinblech dünn fetten und mit gemahlenen Mandeln ausstreuen.

2. 80 g Schokolade grob hacken und mit der Butter bei geringer Hitze unter Rühren schmelzen lassen.

3. Die Eier trennen. Die Eiweiße mit dem Salz steif schlagen. Die Eigelbe mit 100 g Zucker, Vanillezucker und 2 EL Likör hellschaumig schlagen. Die Schokobutter unterrühren. Den Eischnee auf die Creme häufen, Mehl und Mandeln darüber verteilen. Alles mit dem Schneebesen locker unterheben.

4. Den Teig in die Blechvertiefungen füllen. Im Backofen bei 180° (Mitte, Umluft 160°) etwa 15 Min. backen. 5 Min. im Blech ruhen lassen, herausnehmen und auf einem Kuchengitter auskühlen lassen.

5. Die Aprikosenkonfitüre und 4 EL Likör erhitzen und durch ein Sieb streichen. Die Muffins rundrum damit einpinseln.

6. 80 g Schokolade fein hacken. 200 g Zucker und 100 ml Wasser bei starker Hitze in 1–2 Min. sirupartig einkochen lassen. Die Schokoladenstücke im Sirup unter Rühren schmelzen lassen. Kakao darüber sieben und unterrühren.

7. Die Muffins sofort mit der heißen Glasur überziehen und trocknen lassen. An einem kühlen Ort mindestens 12 Std. durchziehen lassen.

8. Für die Garnitur die Schokolade grob hacken und im Wasserbad schmelzen lassen. In einen Gefrierbeutel füllen, eine kleine Ecke abschneiden und ein »S« auf jedes Muffin malen. Auf die Tortenspitzen setzen.

Tipp

Falls der Sirup zu lange gekocht hat und die Glasur zu dick geworden ist, teelöffelweise lauwarmes Wasser unterrühren, bis die Glasur wieder schön streichfähig ist.
Je länger die Muffins durchziehen, desto saftiger und aromatischer werden sie. Wollen Sie sie aber rasch servieren, etwas mehr Aprikosenkonfitüre vorbereiten. Die Muffins quer halbieren, Schnittflächen mit Konfitüre bestreichen, wieder zusammensetzen und wie beschrieben fortfahren.

🕐 Zubereitung: 1 Std.	🕐 Ruhezeit: 12 Std.
🕐 Backzeit: 15 Min.	Pro Stück ca.: 380 kcal

Gelingt leicht
400 g Kürbis
1 Vanilleschote
Saft von 1/2 Zitrone
70 ml Orangenlikör
130 g brauner Zucker
90 g Amarettini
250 g Mehl
2 gehäufte TL Backpulver
2 Eier
1 Prise Salz
60 g geschmolzene Butter
12 Papierförmchen oder
Fett fürs Blech

Sweet-Pumpkin-Muffins

1. Den Kürbis schälen, entkernen und in 5 mm große Würfel schneiden. Die Vanilleschote längs einschneiden. Beides mit Zitronensaft, 50 ml Likör, 30 g Zucker und 100 ml Wasser aufkochen. In 5 Min. im geschlossenen Topf bei mittlerer Hitze bissfest dünsten. Abgedeckt mindestens 2 Std. marinieren.

2. Den Backofen vorheizen. Die Papierförmchen in die Vertiefungen des Muffinblechs setzen oder das Blech dünn fetten. Das Kürbisfleisch im Sieb abtropfen lassen, dabei 80 ml Marinade auffangen, die Vanilleschote entfernen.

3. 24 Amarettini beiseite legen, den Rest grob zerbröseln und mit Mehl und Backpulver mischen. Eier mit 100 g Zucker und Salz hellschaumig schlagen. Die Marinade und Butter einrühren. Das Fruchtfleisch mit der Mehlmischung mischen und zügig unter den Eischaum rühren.

4. Den Teig in die Blechvertiefungen füllen. Übrige Amarettini mit 20 ml Likör beträufeln und je 2 Stück leicht in den Teig drücken. Im Backofen bei 180° (Mitte, Umluft 160°) 20–25 Min. backen. 5 Min. im Blech ruhen lassen, herausnehmen und auf einem Kuchengitter auskühlen lassen.

⏱ Zubereitung: 35 Min.	⏱ Marinierzeit: 2 Std.
⏱ Backzeit: 25 Min.	Pro Stück ca.: 220 kcal

Gelingt leicht
2 Nektarinen (etwa 250 g)
100 g Macadamiakerne
200 g Mehl
2 gehäufte TL Backpulver
150 g Zucker
200 g Crème fraîche
80 g geschmolzene Butter
1 Prise Salz
2 Eier
12 Papierförmchen oder
Fett fürs Blech

Macadamia-Muffins

1. Den Backofen vorheizen. Die Papierförmchen in die Vertiefungen des Muffinblechs setzen oder das Blech dünn fetten.

2. Die Nektarinen waschen, abtrocknen, vierteln, entkernen und in grobe Würfel schneiden. Die Macadamiakerne grob hacken.

3. Mehl und Backpulver mischen. Zucker mit Crème fraîche, Butter und Salz verquirlen. Die Eier einrühren. Die Mehlmischung, Nüsse und Nektarinen zügig unterrühren.

4. Den Teig in die Blechvertiefungen füllen. Im Backofen bei 180° (Mitte, Umluft 160°) 20–25 Min. backen. 5 Min. im Blech ruhen lassen, herausnehmen und auf einem Kuchengitter auskühlen lassen.

Tipp

Vor dem Backen noch 3 Macadamiakerne auf jedes Muffin setzen.

⏱ Zubereitung: 20 Min.	
⏱ Backzeit: 25 Min.	Pro Stück ca.: 300 kcal

Für Hobbybäcker
400 g mehlig kochende Kartoffeln
12 Marillen (Aprikosen, je 50 g)
50 g Semmelbrösel
80 g geschmolzene Butter
40 g Speisestärke
30 g Hartweizengrieß
1 TL Backpulver
2 Eigelbe
2 Päckchen Bourbon Vanillezucker
abgeriebene Schale von
1/2 unbehandelten Zitrone
1 Prise Salz
12 Stück Würfelzucker
2 EL Aprikosengeist (ersatzweise
Aprikosen- oder Apfelsaft)
12 Papierförmchen fürs Blech

Marillen-Muffins

1. Die Kartoffeln schälen und in 2–3 cm große Würfel schneiden. In ausreichend Wasser in etwa 15 Min. weich garen.

2. Die Marillen waschen, abtrocknen und so weit einschneiden, dass der Stein entfernt werden kann. Die Früchte vorsichtig entsteinen.

3. Die Semmelbrösel mit 50 g Butter mischen. Stärke, Grieß und Backpulver mischen. Eigelbe mit 30 g Butter, Vanillezucker, Zitronenschale und Salz verrühren.

4. Den Backofen vorheizen. Die Papierförmchen in die Vertiefungen des Muffinblechs setzen. Die Kartoffeln abgießen, kurz ausdampfen lassen und durch die Kartoffelpresse drücken. Mit der Stärkemischung und der Eigelbmasse rasch zu einem weichen Teig verkneten.

5. Die Zuckerstücke mit Aprikosengeist beträufeln und in die Kernhöhlungen der Marillen setzen. Die Fruchthälften gut andrücken.

6. Die Hälfte des Teiges in die Blechvertiefungen füllen. Die Marillen hineinsetzen und den restlichen Teig locker darüber verteilen. Die Butterbrösel darauf streuen.

7. Die Muffins im Backofen bei 180° (Mitte, Umluft 160°) etwa 15 Min. backen. Mit Alufolie abdecken und weitere 5–10 Min. backen. 5 Min. im Blech ruhen lassen, herausnehmen und sofort servieren.

Tipp

Diese Muffins aus Kartoffelteig schmecken auch mit Zwetschgen. Einen netten Farbtupfer liefert das Grün von Pistazien: hacken und nach dem Backen über die Muffins streuen.

🕐 Zubereitung: 45 Min.

🕐 Backzeit: 25 Min.

Pro Stück ca.: 155 kcal

Gelingt leicht
2 Mangos (je 450 g)
500 g cremiger Ricotta
150 g Zucker
2 gestrichene TL Vanille-puddingpulver (zum Kochen)
2 Eier
Saft von 1 Zitrone
1 Prise Salz
Fett und geschälte gemahlene Mandeln (ersatzweise Semmelbrösel) fürs Blech
12 Papierförmchen (wer mag)

Tipp

Italienischer Ricotta
Die bei der Käseherstellung anfallende Kuh-, Schaf- oder Büffel-milchmolke wird erhitzt und mit Gerinnungsmittel versetzt, sodass sich das geronnene Eiweiß absetzt. Aus diesem puren Molke-Eiweiß entsteht der leicht süßliche, ungesalzene, cremige Frischkäse Ricotta. Er muss rasch verbraucht werden. Älterer, pikanter Ricotta reift als Laib mehrere Monate im Holzbehälter.

Ricotta-Mango-Muffins

1. Den Backofen vorheizen. Das Muffinblech dünn fetten und gründlich mit Mandeln ausstreuen.

2. Die Mangos schälen. Das Fruchtfleisch jeweils in 2 Hälften vom Kern schneiden. Aus den Hälften für jedes Muffin quer 3 schöne Spalten schneiden, abdecken und beiseite stellen. Das übrige Fruchtfleisch in etwa 1 cm große Würfel schneiden.

3. Den Ricotta mit Zucker, Puddingpulver, Eiern, Zitronensaft und Salz kräftig verrühren. Die Mangowürfel unter die Creme mischen.

4. Die Ricotta-Mango-Creme in die Blechvertiefungen füllen. Im Backofen bei 180° (Mitte, Umluft 160°) etwa 20 Min. backen. 5 Min. im Blech ruhen lassen, herausnehmen und auf einem Kuchengitter auskühlen lassen.

5. Auf jedes Muffin fächerartig 3 Mangospalten legen und leicht andrücken. Zum Servieren in Papier-förmchen – wer mag – setzen.

Tipp

Um das Vanille-Aroma zu verstärken, das Mark von 1 Vanilleschote oder 1 Päckchen Bourbon Vanillezucker mit unter die Ricottacreme rühren.
Geschmacklich und farblich ebenso passend sind Nektarinen, Pfirsiche, Pflaumen oder Cantaloup-Melone.

🕐 Zubereitung: 30 Min.

🕐 Backzeit: 20 Min.

Pro Stück ca.: 170 kcal

Gelingt leicht
120 g weiße Schokolade
200 g Mehl
2 gehäufte TL Backpulver
100 g Zucker
2 Päckchen Vanillezucker
160 g geschmolzene Butter
4 Eier
Mark von 1 Vanilleschote
1 Prise Salz
200 g tiefgekühlte Waldbeeren-mischung
12 Papierförmchen oder
Fett fürs Blech

White-Chocolate-Muffins

1. Den Backofen vorheizen. Die Papierförmchen in die Vertiefungen des Muffinblechs setzen oder das Blech dünn fetten.

2. Die Schokolade grob hacken. Mehl und Backpulver mischen. Zucker und Vanillezucker mit Butter, Eiern, Vanillemark und Salz verquirlen. Die Mehlmischung, die Schokostücke und die Waldbeeren (unaufgetaut!) zügig unterrühren.

3. Den Teig in die Blechvertiefungen füllen. Im Backofen bei 180° (Mitte, Umluft 160°) 20–25 Min. backen. 5 Min. im Blech ruhen lassen,

herausnehmen und auf einem Kuchengitter auskühlen lassen.

Tipp

Auch sehr fein: Nur die gehackte weiße Schokolade unter den Teig mischen und ins Blech füllen. Dann die Beeren hineindrücken und die Muffins backen.

🕐 Zubereitung: 15 Min.

🕐 Backzeit: 25 Min. | Pro Stück ca.: 280 kcal

Gelingt leicht
60 g Marshmallows
120 g gemischte Nusskerne (z. B. Mandeln, Haselnüsse, Cashews)
130 g Zartbitterschokolade
140 g Mehl
2 TL Backpulver
80 g Vollmilchschokolade
140 g Butter
140 g Zucker
2 Eier
1 Prise Salz
Fett und Mehl fürs Blech

Tipp

Die Crazy-Nuts-Muffins am besten in antihaftbeschichteten Blechen backen. Aus diesen lösen sie sich besonders gut.

Crazy-Nuts-Muffins

1. Die Marshmallows mit der Küchenschere in 1 cm (nicht größer!) große Stücke schneiden. Einzeln nebeneinander legen (sie kleben ein wenig), leicht antrocknen lassen.

2. Den Backofen vorheizen. Das Muffinblech dünn fetten und mit Mehl ausstreuen, kühl stellen. Nüsse und 50 g Zartbitterschokolade grob hacken. Mehl und Backpulver mischen.

3. 80 g Zartbitterschokolade, Vollmilchschokolade und die Butter bei geringer Hitze unter Rühren schmelzen lassen. Zucker, Eier und Salz mit dem Kochlöffel einrühren, bis

die Masse glänzt. Die Mehlmischung gleichmäßig unterziehen.

4. Je 1 gehäuften EL Teig in die Blechvertiefungen füllen. Den restlichen Teig mit Marshmallows, Nuss- und Schokostückchen mischen und darauf verteilen.

5. Die Muffins im Backofen bei 180° (Mitte, Umluft 160°) etwa 15 Min. backen. 5 Min. im Blech ruhen lassen. Nacheinander vorsichtig mit einem kleinen Messer vom Rand lösen, herausnehmen und auf einem Kuchengitter auskühlen lassen.

🕐 Zubereitung: 30 Min.

🕐 Backzeit: 15 Min. | Pro Stück ca.: 355 kcal

Gelingt leicht
4 EL Sonnenblumenkerne
2 EL Leinsamensaat
1 Apfel (200 g)
200 g Weizenmehl Type 1050
2 gehäufte TL Backpulver
100 g brauner Zucker
150 g saure Sahne
50 g geschmolzene Butter
50 ml Multivitaminsaft
1 Prise Salz
2 Eier
12 Papierförmchen oder
Fett fürs Blech

Fit-for-Fun-Muffins

1. Den Backofen vorheizen. Die Papierförmchen in die Vertiefungen des Muffinblechs setzen oder das Blech dünn fetten.

2. Die Sonnenblumenkerne und Leinsamensaat mischen. Den Apfel waschen, vierteln, entkernen und grob raspeln.

3. Mehl und Backpulver mischen. Zucker mit saurer Sahne, Butter, Multivitaminsaft und Salz verquirlen. Die Eier einrühren. Die Mehlmischung, Apfelraspel und die Hälfte der Saatenmischung zügig unterrühren.

4. Den Teig in die Blechvertiefungen füllen und mit der übrigen Saatenmischung bestreuen. Im Backofen bei 180° (Mitte, Umluft 160°) 20–25 Min. backen. 5 Min. im Blech ruhen lassen, herausnehmen und auf einem Kuchengitter auskühlen lassen.

⏱ Zubereitung: 15 Min.	
⏱ Backzeit: 25 Min.	Pro Stück ca.: 180 kcal

Gelingt leicht
80 g Vollmilchschokolade
1 Stück frischer Ingwer (2–3 cm)
250 g Mehl
2 gehäufte TL Backpulver
150 g Zucker
150 g saure Sahne
80 g geschmolzene Butter
abgeriebene Schale und Saft
von 2 unbehandelten Limetten
1/2 TL Kurkuma (Gelbwurz)
1 Prise Salz
2 Eier
Für die Garnitur:
50 g Puderzucker
1–2 EL Tequila
abgeriebene Schale von
1–2 unbehandelten Limetten
12 Papierförmchen oder
Fett fürs Blech

Spice-Lime-Tequila-Muffins

1. Den Backofen vorheizen. Die Papierförmchen in die Vertiefungen des Muffinblechs setzen oder das Blech dünn fetten.

2. Die Schokolade grob hacken. Den Ingwer schälen und sehr fein hacken oder fein reiben.

3. Mehl und Backpulver mischen. Zucker mit saurer Sahne, Butter, Limettenschale und -saft, Kurkuma und Salz verquirlen. Die Eier einrühren. Die Mehlmischung, den Ingwer und die Schokostücke zügig unterrühren.

4. Den Teig in die Blechvertiefungen füllen. Im Backofen bei 180° (Mitte, Umluft 160°) 20–25 Min. backen. 5 Min. im Blech ruhen lassen, herausnehmen und auf einem Kuchengitter auskühlen lassen.

5. Für die Garnitur Puderzucker und Tequila zu einem dickflüssigen Guss verrühren. Mit einem Löffel in dünnen Linien gitterförmig über die Muffins ziehen. Das Gebäck mit Limettenschale bestreuen, trocknen lassen.

⏱ Zubereitung: 25 Min.	
⏱ Backzeit: 25 Min.	Pro Stück ca.: 255 kcal

Gelingt leicht
1 Glas Sauerkirschen
(Abtropfgewicht 350 g)
1 TL Backpulver
100 g weiche Butter
150 g Zucker
1 Prise Salz
2 Eier
200 g Mehl
12 Papierförmchen oder
Fett fürs Blech

Tipp

Hier ist mit Pudding nicht die aus Speisestärke (Puddingpulver) und Milch gekochte Nachspeise gemeint. Vielmehr geht es um den traditionellen Pudding, der im Wasserbad gart. Dieser ist kompakter und ähnelt eher einem Kuchen als einer stürzbaren Creme. Typisch sind der englische Plum-Pudding oder der »Mohr im Hemd« aus Österreich.

Kirsch-Pudding-Muffins

1. Den Backofen vorheizen. Die Papierförmchen in die Vertiefungen des Muffinblechs setzen oder das Blech dünn fetten.

2. Die Sauerkirschen in einem Sieb abtropfen lassen, dabei den Saft auffangen. 150 ml Saft abmessen und mit den Kirschen einmal kurz aufkochen. Das Backpulver einrühren, abkühlen lassen.

3. Die Butter mit Zucker und Salz cremig rühren. Die Eier einzeln einrühren und die Masse hellschaumig schlagen. Das Mehl zügig unterrühren, die Kirschen mit Saft gleichmäßig unterheben.

4. Den Teig in die Blechvertiefungen füllen. Im Backofen bei 180° (Mitte, Umluft 160°) 15–20 Min. backen. Die Muffins keinesfalls zu lange im Ofen lassen, sie sollen schön feucht sein und an einen Pudding (siehe Tipp links) erinnern.

5. Die Muffins 5 Min. im Blech ruhen lassen, herausnehmen und auf einem Kuchengitter auskühlen lassen.

Tipp

Durch den Sauerkirschsaft erhält der Teig einen leichten Rosaton. Wem das nicht gefällt, verwendet stattdessen einfach einen hellen Fruchtsaft (z. B. Apfel- oder Birnensaft).
Für einen fruchtigen Abschluss 1 Glas Sauerkirschen (Abtropfgewicht 350 g) im Sieb abtropfen lassen und den Saft auffangen. Die Kirschen auf den Muffins verteilen. 250 ml Saft abmessen und mit 2 EL Zucker und 1 Päckchen Tortenguss verrühren. Unter Rühren aufkochen und sofort gleichmäßig auf den Kirschen verteilen. Fest werden lassen.

🕐 Zubereitung: 15 Min.

🕐 Backzeit: 20 Min.   Pro Stück ca.: 205 kcal

Gelingt leicht
1/2 Cantaloup-Melone (400 g)
200 g Mehl
2 gehäufte TL Backpulver
150 g Zucker
150 g saure Sahne
80 g geschmolzene Butter
1 Prise Salz
2 Eier
100 g Preiselbeeren (aus dem Glas)
Für die Garnitur:
1 große Spalte Cantaloup-Melone
12 Papierförmchen oder Fett fürs Blech

Melonen-Preiselbeer-Muffins

1. Den Backofen vorheizen. Die Papierförmchen in die Vertiefungen des Muffinblechs setzen oder das Blech dünn fetten.

2. Die Kerne der Melone mit einem Löffel herausschaben. Die Melone schälen und in etwa 1 cm große Würfel schneiden.

3. Mehl und Backpulver mischen. Zucker mit saurer Sahne, Butter und Salz verquirlen. Die Eier einrühren. Die Mehlmischung und die Melonenwürfel zügig unterrühren.

4. Den Teig in die Blechvertiefungen füllen. In die Mitte jeweils eine Mulde drücken und 1 TL Preiselbeeren hineingeben.

5. Die Muffins im Backofen bei 180° (Mitte, Umluft 160°) 20–25 Min. backen. 5 Min. im Blech ruhen lassen, herausnehmen und auf einem Kuchengitter auskühlen lassen.

6. Für die Garnitur die Melonenspalte in kleine Schnitze schneiden – wer mag mit Schale – und die Muffins damit dekorieren.

⏱ Zubereitung: 25 Min.

⏱ Backzeit: 25 Min. | Pro Stück ca.: 205 kcal

Gelingt leicht
12 Aprikosenhälften (aus der Dose, 300 g)
100 g Mehl
100 g Polenta-Maisgrieß (20 Min. Kochzeit)
2 gehäufte TL Backpulver
150 g weiche Butter
100 g Zucker
abgeriebene Schale und Saft von 1 unbehandelten Zitrone
1 Prise Salz
2 Eier
Für die Garnitur:
1–2 EL Puderzucker
einige Melisseblättchen (ersatzweise Minzeblättchen)
12 Papierförmchen oder Fett fürs Blech

Süße Polenta-Muffins

1. Die Aprikosen in einem Sieb gut abtropfen lassen. Den Backofen vorheizen. Die Papierförmchen in die Vertiefungen des Muffinblechs setzen oder das Blech dünn fetten.

2. Mehl, Maisgrieß und Backpulver mischen. Die Butter mit Zucker, Zitronenschale und -saft sowie Salz cremig rühren. Die Eier einzeln einrühren und die Masse hellschaumig schlagen. Die Mehlmischung zügig unterrühren.

3. Je 1 EL Teig in die Blechvertiefungen füllen und je 1 Aprikosenhälfte darauf legen. Mit dem übrigen Teig abdecken.

4. Die Muffins im Backofen bei 180° (Mitte, Umluft 160°) 20–25 Min. backen. 5 Min. im Blech ruhen lassen, herausnehmen und auf einem Kuchengitter auskühlen lassen.

5. Für die Garnitur die Muffins mit Puderzucker bestäuben und mit Melisseblättchen dekorieren.

⏱ Zubereitung: 20 Min.

⏱ Backzeit: 25 Min. | Pro Stück ca.: 225 kcal

Für Hobbybäcker
4 Bananen (700 g)
1 Würfel Hefe (42 g)
200 ml Ahornsirup
1/2 TL Salz
400 g Weizenmehl Type 1050
100 g Walnusskerne
Saft von 1 Zitrone
Fett fürs Blech

Tipp

Sind die Bananen noch nicht zu weich, können Sie sie auch in kleine Würfel schneiden und nach dem ersten Gehen mit den Nüssen unter den Teig kneten.

Fruchtige Walnuss-Brot-Muffins

1. 2 Bananen schälen, in grobe Stücke schneiden und pürieren. Die Hefe zerbröckeln und mit 100 ml Ahornsirup, dem Bananenmus und Salz verrühren.

2. Das Mehl mit der Bananen-Hefe-Mischung und etwa 80 ml lauwarmem Wasser zu einem glatten, elastischen Teig verkneten. Mit einem feuchten Tuch abdecken und an einem warmen Ort 30 Min. gehen lassen.

3. Das Muffinblech dünn fetten. Die Walnüsse grob hacken. 2 Bananen schälen und in 12 gleich große Stücke teilen. Mit Zitronensaft beträufeln und abdecken.

4. Den Teig nochmals kräftig durchkneten, dabei die Nüsse einarbeiten. Den Teig in 12 gleich große Stücke teilen. Jede Portion etwas flach drücken, 1 Bananenstück in die Mitte setzen und mit dem Teig umhüllen. Die Teigränder gut andrücken. Teigkugeln in die Blechvertiefungen setzen und erneut 30 Min. gehen lassen.

5. Den Backofen vorheizen. Die Muffins mit der Küchenschere etwa 1 cm tief einschneiden. Mit 100 ml Ahornsirup beträufeln (auch Sirup in die Einschnitte geben). Den Sirup etwas verstreichen.

6. Die Muffins im Backofen bei 200° (Mitte, Umluft 180°) 20–25 Min. backen. 5 Min. im Blech ruhen lassen, herausnehmen und auf einem Kuchengitter auskühlen lassen.

Tipp

Für eine außergewöhnliche Garnitur 150 ml Ahornsirup bei starker Hitze 3–5 Min. dicklich einkochen und etwas abkühlen lassen. Bildet ein in den Sirup getauchter Holzspieß beim Hochziehen einen dünnen Faden, der schnell erstarrt, kann weitergearbeitet werden. Ansonsten den Sirup noch weitereinkochen.
12 Walnusshälften mit der glatten Seite auf einen Holzspieß stecken und durch den Sirup ziehen. Den Sirup nach unten ablaufen lassen, sodass eine längere Spitze entsteht. Kurz fest werden lassen. Die Nüsse auf die Muffins setzen.

Zubereitung: 30 Min.

Backzeit: 25 Min.

Ruhezeit: 1 Std.

Pro Stück ca.: 285 kcal

Gelingt leicht
150 g Mehl
1 TL Backpulver
50 g Magerquark
1 EL Öl
1 Ei
50 g Zucker
1 Prise Salz
5 Pfirsiche (etwa 650 g)
100 g Amarettini
120 ml Marsala (Dessertwein)
Fett fürs Blech
Mehl fürs Blech und
zum Arbeiten

Gratinierte Pfirsich-Muffins

1. Das Mehl mit Backpulver mischen. Mit Quark, Öl, Ei, Zucker und Salz zu einem glatten, elastischen Teig verkneten.

2. Den Backofen vorheizen. Das Muffinblech dünn fetten und mit Mehl ausstreuen. Kühl stellen. Die Pfirsiche waschen, vierteln, entsteinen und in etwa 1 cm große Würfel schneiden. Die Amarettini zerbröseln.

3. Den Teig auf bemehlter Arbeitsfläche 2 mm dick ausrollen. 12 Kreise (5 cm Ø) ausstechen und in die Vertiefungen des Muffinblechs legen. Aus den Teigresten Streifen (4 cm breit) schneiden und die Ränder damit auslegen. Am Teigboden gut andrücken, überstehenden Teig abschneiden.

4. Die Pfirsichstücke in den Teigkörbchen verteilen und mit den Amarettini-Bröseln bestreuen. Mit Marsala beträufeln, bis die Brösel gut befeuchtet sind.

5. Die Muffins im Backofen bei 180° (Mitte, Umluft 160°) 15–20 Min. backen. 5 Min. im Blech ruhen lassen, herausnehmen und auf einem Kuchengitter lauwarm abkühlen lassen. Sofort servieren.

Tipp

Statt Marsala schmeckt auch ein anderer Dessertwein, wie z. B. Sherry oder Portwein, sehr fein. Essen Kinder mit, die Amarettini mit Pfirsich-, Birnen- oder Zwetschgensaft beträufeln. Wenn Sie keine Amarettini bekommen, können Sie genauso gut Löffelbiskuits oder Butterkekse verwenden.
Die Pfirsiche lassen sich wunderbar durch Aprikosen, Nektarinen oder Pflaumen ersetzen.

🕐 Zubereitung: 40 Min.

🕐 Backzeit: 20 Min. | Pro Stück ca.: 135 kcal

Pikante Muffins

Die Deftigen

Zur Abwechslung kommt auch Würziges aus dem Muffinblech auf den Tisch. Bunt gemischt – mit allem, was im Gemüsegarten wächst, die Käse- und Fleischtheke bietet und der Fischhändler anpreist. Scharfe Pie- oder Baked-Potatoes-Muffins können schon mal das Mittagessen ersetzen. Pide- oder Tapas-Muffins und dazu ein Salat – fertig ist eine leichte Mahlzeit, die während oder nach einem anstrengenden Arbeitstag satt aber nicht voll macht. Beim Fernsehabend gibt's statt Chips Salty-Nuts-Muffins oder Muffins »Mexicana«.

Salty-Nuts-Muffins

Gelingt leicht
200 g Mehl, 2 gehäufte TL Backpulver
200 g saure Sahne, 140 g geschmolzene Butter
1/2 TL Salz, 2 Eier
300 g gemischte, geröstete, gesalzene
Nusskerne (wer mag gehackt)
Fett fürs Blech

1. Den Backofen vorheizen. Das Muffinblech dünn fetten. Mehl und Backpulver mischen. Saure Sahne mit 80 g Butter und Salz verquirlen. Die Eier einrühren. Die Mehlmischung und 200 g Nüsse zügig unterrühren.

2. Den Teig in die Blechvertiefungen füllen. 100 g Nüsse darauf verteilen und leicht eindrücken. Mit 60 g Butter beträufeln.

3. Die Muffins im Backofen bei 180° (Mitte, Umluft 160°) 20–25 Min. backen. 5 Min. im Blech ruhen lassen, herausnehmen und auf einem Kuchengitter auskühlen lassen.

○ Zubereitung: 10 Min.

○ Backzeit: 25 Min. | Pro Stück ca.: 325 kcal

Grissini-Muffins

Gelingt leicht
2 Knoblauchzehen, 1 großes Bund gemischte Kräuter
(z. B. Petersilie, Basilikum, Oregano), 250 g Butter
100 g Grissini (Kräuter-, Knoblauch- oder Pizza-
geschmack), 200 g Mehl, 2 gehäufte TL Backpulver
200 g Crème fraîche, 1 TL Salz, 2 Eier
Fett fürs Blech

1. Den Backofen vorheizen. Knoblauch abziehen und durch die Presse drücken. Die Kräuter abbrausen, trockenschütteln und fein hacken. Die Butter schmelzen und Knoblauch und Kräuter darin bei geringer Hitze bis zur Verwendung ziehen lassen.

2. Muffinblech dünn fetten. Grissini grob zerbröseln und die Hälfte davon in den Blechvertiefungen verteilen. Mehl und Backpulver mischen. Crème fraîche mit der Hälfte der Kräutermischung und Salz verquirlen. Die Eier einrühren. Die Mehlmischung zügig unterrühren.

3. Den Teig in die Blechvertiefungen füllen. Die übrigen Grissini-Brösel darüber streuen und mit der restlichen Kräutermischung beträufeln. Im Backofen bei 180° (Mitte, Umluft 160°) 20–25 Min. backen. 5 Min. im Blech ruhen lassen, herausnehmen und auf einem Kuchengitter auskühlen lassen.

○ Zubereitung: 30 Min.

○ Backzeit: 25 Min. | Pro Stück ca.: 325 kcal

Pide-Muffins

Gelingt leicht

1 Würfel Hefe (42 g), 3 TL Zucker
400 g Mehl, 1 TL Salz, 1 Ei
1 EL Olivenöl, 1 EL geschälte Sesamsaat
1 EL Schwarzkümmel (ersatzweise schwarze
oder geschälte Sesamsaat)
Fett fürs Blech, Mehl zum Arbeiten

1. Die Hefe zerbröckeln, mit 2 TL Zucker bestreuen und flüssig werden lassen. Hefe, Mehl, Salz und etwa 250 ml lauwarmes Wasser zu einem glatten, elastischen Teig verkneten. Abgedeckt an einem warmen Ort etwa 30 Min. gehen lassen.

2. Das Muffinblech dünn fetten. Den Teig auf bemehlter Arbeitsfläche nochmals kräftig durchkneten. In 12 gleich große Stücke teilen, zu Kugeln formen und in die Blechvertiefungen setzen. Weitere 10 Min. gehen lassen. Den Backofen vorheizen.

3. Das Ei mit 1 TL Zucker und Öl verrühren. Die Muffins damit bestreichen, mit Sesam und Kümmel bestreuen. Im Backofen bei 250° (unten, Umluft 230°) etwa 10 Min. backen. 5 Min. im Blech ruhen lassen, herausnehmen und auf einem Kuchengitter auskühlen lassen.

⏱ Zubereitung: 20 Min.	⏱ Ruhezeit: 40 Min.
⏱ Backzeit: 10 Min.	Pro Stück ca.: 140 kcal

Rote-Linsen-Muffins

Gelingt leicht

1 Zwiebel, 2 EL Olivenöl, 50 g rote Linsen
1 Bund Koriander (ersatzweise Petersilie oder Kerbel)
150 g Kirschtomaten, Salz, frisch gemahlener Pfeffer
200 g Mehl, 2 gehäufte TL Backpulver, 200 g Schmand
80 g geschmolzene Butter, 2 Eier
Fett fürs Blech

1. Die Zwiebel abziehen, fein hacken und im heißen Öl andünsten. Die Linsen kurz mitdünsten. 100 ml Wasser aufgießen und Linsen bei geringer Hitze im geschlossenen Topf 10 Min. garen.

2. Den Koriander abbrausen, trockenschütteln und grob hacken. Die Tomaten waschen, vierteln und unter die Linsen mischen. Mit Salz und Pfeffer würzen.

3. Mehl und Backpulver mischen. Schmand mit Butter und 1 TL Salz verquirlen. Die Eier einrühren. Die Mehlmischung, die Linsen-Tomaten-Mischung und den Koriander zügig unterrühren.

4. Den Teig in die Blechvertiefungen füllen. Im Backofen bei 180° (Mitte, Umluft 160°) 20–25 Min. backen. 5 Min. im Blech ruhen lassen, herausnehmen und auf einem Kuchengitter auskühlen lassen.

⏱ Zubereitung: 30 Min.	⏱ Garzeit: 10 Min.
⏱ Backzeit: 25 Min.	Pro Stück ca.: 190 kcal

Gelingt leicht
**500 g vorwiegend fest kochende
Kartoffeln**
100 ml Olivenöl
2 EL Rosmarinnadeln
Salz, frisch gemahlener Pfeffer
200 g Mehl
2 gehäufte TL Backpulver
200 g saure Sahne
2 Eier
Für die Garnitur:
200 g saure Sahne
Salz, frisch gemahlener Pfeffer
**1 Hand voll Schnittlauchröllchen
(5 cm lang)**
**12 Papierförmchen oder
Fett fürs Blech**

Baked-Potatoes-Muffins

1. Den Backofen vorheizen. Die Kartoffeln gründlich waschen, bürsten und in etwa 1 cm große Würfel schneiden. In einer hitzebeständigen Form mit 20 ml Olivenöl und den Rosmarinnadeln mischen. Im Backofen bei 230° (zweite Schiene von oben, Umluft 210°) 10–15 Min. rösten, zwischendurch umrühren.

2. Die Kartoffeln mit Salz und Pfeffer würzen, kurz abkühlen lassen. Die Ofentemperatur auf 180° (Umluft 160°) reduzieren. Die Papierförmchen in die Vertiefungen des Muffinblechs setzen oder das Blech dünn fetten.

3. Mehl und Backpulver mischen. Saure Sahne mit 80 ml Öl und 1 TL Salz verquirlen. Die Eier einrühren. Die Mehlmischung und die Kartoffeln zügig unterrühren.

4. Den Teig in die Blechvertiefungen füllen. Im Backofen (Mitte) 20–25 Min. backen. 5 Min. im Blech ruhen lassen, herausnehmen und auf einem Kuchengitter auskühlen lassen.

5. Für die Garnitur die saure Sahne durchrühren, mit Salz und Pfeffer würzen. 1 großen Klecks auf jedes Muffin geben und mit Schnittlauch garnieren.

🕐 Zubereitung: 20 Min.

🕐 Backzeit: 40 Min.

Pro Stück ca.: 185 kcal

Gelingt leicht
12 Scheiben Bacon (Frühstücksspeck, 200 g)
**1 großes Bund gemischte
Kräuter (z. B. Basilikum, Kerbel,
Petersilie, Thymian)**
10 Eier
4 Knoblauchzehen
**800 g vorwiegend fest kochende
Kartoffeln**
Salz, frisch gemahlener Pfeffer
12 Papierförmchen fürs Blech

Frittata-Muffins

1. Die Baconscheiben quer halbieren. Bei starker Hitze in 3–5 Min. kross anbraten. Die Kräuter abbrausen, trockenschütteln und fein hacken.

2. Den Backofen vorheizen. Die Papierförmchen in die Vertiefungen des Muffinblechs setzen.

3. Die Eier mit den Kräuter leicht verquirlen. Die Masse soll nicht schaumig werden. Knoblauch abziehen und dazupressen. Die Kartoffeln schälen, über die Eimasse raspeln und sofort untermischen. Mit wenig Salz und Pfeffer würzen.

4. Die Ei-Kartoffel-Masse in die Blechvertiefungen füllen. Je 2 Baconstücke darauf legen. Im Backofen bei 180° (Mitte, Umluft 160°) 20–25 Min. backen. 5 Min. im Blech ruhen lassen, herausnehmen und sofort servieren oder auf einem Kuchengitter auskühlen lassen.

Tipp

Fürs große Büffet die Muffins in kleine Tortenstücke schneiden und mit halbierten Kirschtomaten belegen. Mit Holz- oder Plastikspießchen feststecken.

🕐 Zubereitung: 30 Min.

🕐 Backzeit: 25 Min.

Pro Stück ca.: 210 kcal

Gelingt leicht
1 Würfel Hefe (42 g)
2 TL Zucker
400 g Mehl
1 TL Salz
4 TL getrockneter Rosmarin
4 TL getrockneter Oregano
80 ml Olivenöl
4 Knoblauchzehen
6 Scheiben Parmaschinken (60 g)
Fett fürs Blech
Mehl zum Arbeiten

Focaccia-Muffins

1. Die Hefe zerbröckeln, mit Zucker bestreuen und flüssig werden lassen. Mit Mehl, Salz und etwa 250 ml lauwarmem Wasser zu einem glatten, elastischen Teig verkneten. Abgedeckt an einem warmen Ort etwa 30 Min. gehen lassen.

2. Den Backofen vorheizen. Rosmarin, Oregano und Olivenöl mischen. Die Knoblauchzehen abziehen und dazupressen. Bis zur Verwendung ziehen lassen. Die Schinkenscheiben quer halbieren.

3. Das Muffinblech dünn fetten. Den Teig auf bemehlter Arbeitsfläche nochmals kräftig durchkneten. In 12 gleich große Stücke teilen, zu Kugeln formen und in die Blechvertiefungen setzen.

4. In jeder Teigkugel eine tiefe Mulde formen und je 1 Schinkenstück so hineindrücken, dass es über den Teig ragt. Den Schinken mit Kräuteröl beträufeln und den Teig damit bestreichen.

5. Die Muffins im Backofen bei 250° (unten, Umluft 230°) etwa 10 Min. backen. 5 Min. im Blech ruhen lassen, herausnehmen und auf einem Kuchengitter auskühlen lassen.

Variante

Hefeteig und Kräuteröl wie beschrieben zubereiten. Während der Teig geht, 1 kleine Zwiebel abziehen und fein würfeln. 2 Hand voll Blattspinat putzen und gründlich waschen. 1 EL Öl erhitzen und die Zwiebel kurz andünsten. Den Spinat zugeben und unter Rühren zusammenfallen lassen. Mit Salz und Pfeffer würzen und abkühlen lassen. Die Teigkugeln in die Blechvertiefungen setzen und Mulden formen. 1 TL Spinat und 1 TL Ricotta oder 1 kleinen Würfel Schafkäse tief hineindrücken. Mit dem Kräuteröl beträufeln. Die Muffins wie beschrieben backen.

🕐 Zubereitung: 25 Min.   🕐 Ruhezeit: 30 Min.

🕐 Backzeit: 10 Min.   Pro Stück ca.: 175 kcal

Gelingt leicht
2 Scheiben Ziegenweich-
käse (je 75 g)
1 Birne (260 g)
4–6 Zweige Thymian
200 g Mehl
2 gehäufte TL Backpulver
200 g saure Sahne
80 g geschmolzene Butter
1 TL Salz, frisch gemahlener Pfeffer
2 Eier
Für die Garnitur:
einige Thymianzweige
12 Papierförmchen oder
Fett fürs Blech

Tipp

Statt der Birnen schmecken auch
Pfirsiche oder Nektarinen sehr gut.

Ziegenkäse-Birnen-Muffins

1. Den Backofen vorheizen. Die Papierförmchen in die Vertiefungen des Muffinblechs setzen oder das Blech dünn fetten.

2. Die Käsescheiben jeweils in 6 gleich große Tortenstücke schneiden. Die Birne schälen, vierteln und entkernen. Die Birnenviertel quer in Scheiben schneiden. Thymian abbrausen, trockenschütteln und die Blättchen abstreifen.

3. Mehl und Backpulver mischen. Saure Sahne mit Butter und Salz verquirlen. Die Eier einrühren. Die Mehlmischung zügig unterrühren.

4. Je 1 EL Teig in die Blechvertiefungen füllen. Die Käsestücke in die Mitte setzen, pfeffern und mit Thymian bestreuen. Kreisförmig mit den Birnenscheiben belegen. Den übrigen Teig darauf verteilen.

5. Die Muffins im Backofen bei 180° (Mitte, Umluft 160°) 20–25 Min. backen. 5 Min. im Blech ruhen lassen, herausnehmen und auf einem Kuchengitter auskühlen lassen.

6. Für die Garnitur die Thymianzweige abbrausen, trockenschütteln und die Muffins damit dekorieren.

🕐 Zubereitung: 20 Min.

🕐 Backzeit: 25 Min. | Pro Stück ca.: 185 kcal

Gelingt leicht
2 säuerliche Äpfel (450 g)
100 g Honig-Senf-Sauce
(Fertigprodukt)
frisch gemahlener Pfeffer
3 Kästchen Gartenkresse
200 g Mehl
2 gehäufte TL Backpulver
200 g Joghurt
80 g geschmolzene Butter
1 TL Salz
2 Eier
Für die Garnitur:
1 Kästchen Gartenkresse
12 Papierförmchen oder
Fett fürs Blech

Apfel-Senf-Muffins

1. Den Backofen vorheizen. Die Papierförmchen in die Vertiefungen des Muffinblechs setzen oder das Blech dünn fetten.

2. Die Äpfel schälen, vierteln, entkernen und in etwa 1 cm große Würfel schneiden. Mit der Honig-Senf-Sauce mischen, mit Pfeffer würzen. Die Kresse mit der Küchenschere vom Beet schneiden.

3. Mehl und Backpulver mischen. Joghurt mit Butter und Salz verquirlen. Die Eier einrühren. Die Mehlmischung, die Senfäpfel und die Kresse zügig unterrühren.

4. Den Teig in die Blechvertiefungen füllen. Im Backofen bei 180° (Mitte, Umluft 160°) 20–25 Min. backen. 5 Min. im Blech ruhen lassen, herausnehmen und auf einem Kuchengitter auskühlen lassen.

5. Für die Garnitur die Kresse vom Beet schneiden und die Muffins damit dekorieren.

🕐 Zubereitung: 20 Min.

🕐 Backzeit: 25 Min. | Pro Stück ca.: 175 kcal

Für Hobbybäcker
300 g Mehl
150 g kalte Butter
2 Eier
Salz
1 kleine Zwiebel
1 Möhre (120 g)
250 g Kirschtomaten
2 EL Olivenöl
400 g gemischtes Hackfleisch
Cayennepfeffer
150 g frisch geraspelter Cheddar
(ersatzweise mittelalter Gouda)
1 Eigelb
Fett fürs Blech
Mehl fürs Blech und
zum Arbeiten

Scharfe Pie-Muffins

1. Das Mehl mit Butter in Flöckchen, Eiern und 1/2 TL Salz rasch zu einem glatten Teig verkneten. In Frischhaltefolie wickeln, 30 Min. kühl stellen. Das Muffinblech dünn fetten, mit Mehl ausstreuen und ebenfalls kühl stellen.

2. Die Zwiebel abziehen, die Möhre schälen. Beides fein würfeln. Die Tomaten waschen und halbieren. Das Öl erhitzen, Zwiebel- und Möhrenwürfel darin bei mittlerer Hitze andünsten. Hackfleisch zugeben und unter Rühren in 3–4 Min. krümelig braten. Die Tomaten zugeben und etwa 1 Min. mitbraten. Mit Salz und Cayennepfeffer pikant abschmecken.

3. Den Backofen vorheizen. Den Teig auf bemehlter Arbeitsfläche etwa 2 mm dick ausrollen. 12 Kreise (5 cm Ø) und 12 Kreise (8 cm Ø) ausstechen. Bei den großen Teigkreisen in der Mitte ein kleines Loch ausstechen. Die kleinen Teigkreise in die Vertiefungen des Muffinblechs legen.

4. Den restlichen Teig erneut ausrollen, in Streifen (4 cm breit) schneiden und die Ränder damit auslegen. Am Teigboden gut andrücken, überstehenden Teig abschneiden.

5. Den Cheddar unter die Hackfleischmasse mengen. Den Fleischteig gleichmäßig in den Vertiefungen verteilen. Große Teigkreise auflegen und gut andrücken. Eigelb mit 1 TL Wasser verquirlen und den Teig damit bestreichen.

6. Die Muffins im Backofen bei 180° (unten, Umluft 160°) 20–25 Min. backen. 5 Min. im Blech ruhen lassen, herausnehmen und sofort servieren.

Tipp

Zu den Pie-Muffins passt ein erfrischender Salat sehr gut:
150 g jungen Blattsalat mit 200 g feinen Möhrenscheiben oder -raspeln und 150 g halbierten oder geviertelten Kirschtomaten locker mischen. 2 EL Sherry und 4 EL Aceto balsamico mit 6 EL Olivenöl, Salz und Pfeffer verrühren. Über den Salat träufeln.
Oder 150 g gemischte Wildkräuter mit 50 g Sprossen-Mix und 100 g kleinen Erdbeeren mischen.
2 EL Orangensaft, 4 EL Erdbeeressig und 6 EL Mandel- oder Haselnussöl, Salz und Pfeffer verrühren. Über den Salat geben.

🕐 Zubereitung: 1 Std. 20 Min.

🕐 Backzeit: 25 Min.

Pro Stück ca.: 355 kcal

Für Hobbybäcker
8 Platten tiefgekühlter Blätter-
teig (etwa 600 g)
1 Zwiebel
300 g Champignons
1/2 Bund Petersilie
600 g Rinderfilet
2 EL Öl
3–4 EL Sherry (ersatzweise
Gemüse- oder Fleischbrühe)
Salz, frisch gemahlener Pfeffer
1 Eigelb
1 EL Sahne (ersatzweise Milch)
Fett und Semmelbrösel
fürs Blech

Muffins »Wellington Art«

1. Die Teigplatten nebeneinander auf der Arbeitsfläche auftauen lassen. Zwiebel abziehen, Champignons putzen. Beides klein würfeln. Petersilie abbrausen, trocknen und fein hacken.

2. Den Backofen vorheizen. Das Muffinblech dünn fetten, mit Bröseln ausstreuen. Filet in 12 gleich große Stücke schneiden. Öl stark erhitzen, die Filetstücke rundum 1 Min. anbraten. Mit Sherry ablöschen, salzen, pfeffern und in Alufolie wickeln. Die Zwiebeln im Bratensatz kurz anbraten. Die Pilze unter Rühren 2–3 Min. mitbraten. Die Petersilie untermischen, salzen und pfeffern.

3. Die Teigplatten aufeinander legen. Auf bemehlter Arbeitsfläche 1–2 mm dick ausrollen. Kreise (20 cm Ø) ausstechen und vorsichtig in die Blechvertiefungen legen. Je 1 EL Pilze und 1 Filetstück hineingeben, die übrigen Pilze darauf verteilen. Überstehenden Teig darüber zusammendrehen. Das Eigelb mit Sahne verquirlen und den Teig damit einpinseln.

4. Die Muffins im Backofen bei 250° (unten, Umluft 230°) etwa 10 Min. backen, bis das Fleisch noch rosa, der Teig aber knusprig ist. Herausnehmen und sofort servieren.

🕐 Zubereitung: 45 Min.

🕐 Backzeit: 10 Min.

Pro Stück ca.: 300 kcal

Gelingt leicht
1 Würfel Hefe (42 g)
2 TL Zucker
400 g Mehl
1 TL Salz
200 g Tapas (in Knoblauch- oder
Kräuteröl eingelegt, z. B. entsteinte
Oliven, getrocknete Tomaten,
Paprikaschoten, Artischocken-
herzen)
Fett fürs Blech
Mehl zum Arbeiten

Tapas-Muffins

1. Die Hefe zerbröckeln, mit Zucker bestreuen und flüssig werden lassen. Mit Mehl, Salz und etwa 250 ml lauwarmem Wasser zu einem glatten, elastischen Teig verkneten. Abgedeckt an einem warmen Ort etwa 30 Min. gehen lassen.

2. Den Backofen vorheizen. Die Tapas im Sieb abtropfen lassen, dabei das Öl auffangen. Tomaten, Paprika und Artischocken etwas zerkleinern.

3. Das Muffinblech dünn fetten. Teig auf bemehlter Arbeitsfläche nochmals durchkneten, dabei die vorbereiteten Tapas locker einarbeiten.

4. Den Teig in 12 Stücke teilen, zu Kugeln formen und in die Blechvertiefungen setzen. Mit dem abgetropften Öl bestreichen. Im Backofen bei 250° (unten, Umluft 230°) etwa 10 Min. backen. 5 Min. im Blech ruhen lassen, herausnehmen und auf einem Kuchengitter auskühlen lassen.

Tipp

Tapas pur: Die eingelegten Gemüse nicht mischen, sondern getrennt unter die einzelnen Teigkugeln kneten, ins Blech setzen und backen.

🕐 Zubereitung: 25 Min.

🕐 Backzeit: 10 Min.

🕐 Ruhezeit: 30 Min.

Pro Stück ca.: 150 kcal

Kürbis-Parmesan-Muffins

Gelingt leicht
400 g Kürbis
1 Zwiebel
1 kleines Bund Petersilie
50 g frisch geriebener Parmesan
200 g Mehl
2 gehäufte TL Backpulver
200 g Joghurt
80 ml Olivenöl
1 TL Salz
2 Eier
2 EL Kürbiskerne
Für die Garnitur:
50 g Parmesan
12 Papierförmchen oder
Fett fürs Blech

1. Den Backofen vorheizen. Die Papierförmchen in die Vertiefungen des Muffinblechs setzen oder das Blech dünn fetten.

2. Den Kürbis schälen, entkernen und grob raspeln. Die Zwiebel abziehen und klein würfeln. Die Petersilie abbrausen, trockenschütteln und grob hacken. Alles mit dem Parmesan vermengen.

3. Mehl und Backpulver mischen. Joghurt mit Öl und Salz verquirlen. Die Eier einrühren. Die Mehlmischung und die Kürbis-Parmesan-Mischung zügig unterrühren.

4. Den Teig in die Blechvertiefungen füllen, mit den Kürbiskernen bestreuen. Im Backofen bei 180° (Mitte, Umluft 160°) 20–25 Min. backen. 5 Min. im Blech ruhen lassen, herausnehmen und auf einem Kuchengitter auskühlen lassen.

5. Für die Garnitur vom Parmesan mit dem Sparschäler hauchdünne Späne abhobeln und über die Muffins streuen.

🕐 Zubereitung: 30 Min.

🕐 Backzeit: 25 Min.

Pro Stück ca.: 170 kcal

Cheddar-Muffins

Gelingt leicht
250 g Cheddar
1 Bund Schnittlauch
2 Knoblauchzehen
200 g Mehl
2 gehäufte TL Backpulver
200 g Schmand
80 g geschmolzene Butter
4 EL Weißwein (ersatzweise Milch)
1 TL gemahlener Paprika (edelsüß oder rosenscharf)
1/2 TL Salz
frisch gemahlener Pfeffer
2 Eier
12 Papierförmchen oder
Fett fürs Blech

1. Den Backofen vorheizen. Die Papierförmchen in die Vertiefungen des Muffinblechs setzen oder das Blech dünn fetten.

2. 150 g Cheddar in kleine Würfel schneiden, 100 g Cheddar grob raspeln. Den Schnittlauch abbrausen, trockenschütteln und in kleine Röllchen schneiden. Den Knoblauch abziehen und fein hacken.

3. Mehl und Backpulver mischen. Schmand mit Butter, Wein, Paprika, Salz und Pfeffer verquirlen. Die Eier einrühren. Die Mehlmischung, Käsewürfel, den Schnittlauch und Knoblauch zügig unterrühren.

4. Den Teig in die Blechvertiefungen füllen, die Käseraspel darüber streuen. Im Backofen bei 180° (Mitte, Umluft 160°) 20–25 Min. backen. 5 Min. im Blech ruhen lassen, herausnehmen und auf einem Kuchengitter auskühlen lassen.

Tipp

200 g Crème fraîche mit Salz und Pfeffer würzen und zu den Cheddar-Muffins servieren. In die Muffins kleine England-Fähnchen stecken.

🕐 Zubereitung: 15 Min.

🕐 Backzeit: 25 Min.

Pro Stück ca.: 250 kcal

Gelingt leicht
300 g Weißkraut
300 g Steckrüben
100 ml Öl
2 TL Zucker
1 TL Kümmelsamen
Salz, frisch gemahlener Pfeffer
200 g Mehl
2 gehäufte TL Backpulver
200 g Schmand
2 Eier
12 Papierförmchen oder
Fett fürs Blech

Tipp

Statt »normalem« Weißkraut eignet sich auch Spitzkohl sehr gut, den es in kleinen Größen gibt. Auch nicht schlecht: Rotkraut anstelle des Weißkrauts nehmen.

Kraut-und-Rüben-Muffins

1. Das Kraut putzen, waschen und in etwa 1 cm breite Streifen schneiden. Die Rüben schälen und klein würfeln. 20 ml Öl erhitzen und die Rüben bei mittlerer Hitze darin 3 Min. anbraten. Das Kraut zugeben und alles 1 Min. weiterbraten.

2. Den Zucker über das Gemüse streuen und unter Rühren karamellisieren lassen. Mit Kümmel, Salz und Pfeffer würzen. Abkühlen lassen.

3. Den Backofen vorheizen. Die Papierförmchen in die Vertiefungen des Muffinblechs setzen oder das Blech dünn fetten.

4. Mehl und Backpulver mischen. Schmand mit 80 ml Öl und 1 TL Salz verquirlen. Die Eier einrühren. Die Mehlmischung und das Gemüse zügig unterrühren.

5. Den Teig in die Blechvertiefungen füllen. Im Backofen bei 180° (Mitte, Umluft 160°) 20–25 Min. backen. 5 Min. im Blech ruhen lassen, herausnehmen und auf einem Kuchengitter auskühlen lassen.

🕐 Zubereitung: 30 Min.

🕐 Backzeit: 25 Min. | Pro Stück ca.: 165 kcal

Gelingt leicht
je 1 rote, grüne und gelbe
Paprikaschote (450 g)
1 kleine Zwiebel
1 Knoblauchzehe
2 EL Olivenöl
Salz, frisch gemahlener Pfeffer
Cayennepfeffer
200 g Mehl
2 gehäufte TL Backpulver
200 g Crème fraîche
80 g geschmolzene Butter
2 Eier
12 Papierförmchen oder
Fett fürs Blech

Peperonata-Muffins

1. Die Paprikaschoten waschen, halbieren, putzen und in etwa 1 cm große Würfel schneiden. Zwiebel und Knoblauch abziehen und fein hacken. Das Olivenöl erhitzen und alles unter Rühren darin bei mittlerer Hitze 2–3 Min. dünsten. Mit Salz, Pfeffer und Cayennepfeffer würzen. Abkühlen lassen.

2. Den Backofen vorheizen. Die Papierförmchen in die Vertiefungen des Muffinblechs setzen oder das Blech dünn fetten.

3. Mehl und Backpulver mischen. Crème fraîche mit Butter und 1 TL Salz verquirlen. Die Eier einrühren. Die Mehlmischung und die Paprika zügig unterrühren.

4. Den Teig in die Blechvertiefungen füllen. Im Backofen bei 180° (Mitte, Umluft 160°) 20–25 Min. backen. 5 Min. im Blech ruhen lassen, herausnehmen und auf einem Kuchengitter auskühlen lassen.

Tipp

Vor dem Backen noch 50 g Parmesan- oder Manchego-Späne über den Teig streuen. Das gibt extra Aroma und eine knusprige Kruste.

🕐 Zubereitung: 25 Min.

🕐 Backzeit: 25 Min. | Pro Stück ca.: 205 kcal

Gelingt leicht
4 Zweige Dill
4 TL pikanter Tafel-Meerrettich
(aus dem Glas)
Saft von 1 kleinen Zitrone
1 TL Zucker
frisch gemahlener Pfeffer
250 g Lachsfilet
200 g Mehl
2 gehäufte TL Backpulver
200 g Schmand
80 g geschmolzene Butter
1 TL Salz
2 Eier
12 Papierförmchen oder
Fett fürs Blech

Lachs-Meerrettich-Muffins

1. Den Dill abbrausen, trockenschütteln und grob schneiden. Mit Meerrettich, Zitronensaft, Zucker und Pfeffer verrühren.

2. Das Lachsfilet kalt abbrausen, trockentupfen und in 2–3 cm große Würfel schneiden. Mit der Marinade mischen und abgedeckt etwa 30 Min. marinieren.

3. Den Backofen vorheizen. Die Papierförmchen in die Vertiefungen des Muffinblechs setzen oder das Blech dünn fetten.

4. Mehl und Backpulver mischen. Schmand mit Butter und Salz verquirlen. Die Eier einrühren. Die Mehlmischung zügig unterrühren.

5. Je 1 EL Teig in die Blechvertiefungen füllen. Die Lachswürfel darauf verteilen, mit Marinade beträufeln und den übrigen Teig darüber geben.

6. Die Muffins im Backofen bei 180° (Mitte, Umluft 160°) 20–25 Min. backen. 5 Min. im Blech ruhen lassen, herausnehmen und auf einem Kuchengitter auskühlen lassen.

🕐 Zubereitung: 20 Min. | 🕐 Marinierzeit: 30 Min.
🕐 Backzeit: 25 Min. | Pro Stück ca.: 210 kcal

Gelingt leicht
300 g tiefgekühlte Meeres-
früchte-Mischung
1/2 Bund Petersilie
4 Knoblauchzehen
110 ml Olivenöl
Saft von 1/2 Zitrone
Salz, frisch gemahlener Pfeffer
200 g Mehl
2 gehäufte TL Backpulver
200 g saure Sahne
2 Eier
Für die Garnitur:
1 Zitrone (möglichst unbehandelt)
12 Papierförmchen oder
Fett fürs Blech

Mixed-Seafood-Muffins

1. Die Meeresfrüchte in einem Sieb (oder in der Mikrowelle) auftauen lassen. Die Petersilie abbrausen, trockenschütteln und fein hacken. Den Knoblauch abziehen und durch die Presse drücken.

2. 30 ml Olivenöl erhitzen. Knoblauch und Petersilie kurz darin andünsten. Die Meeresfrüchte und den Zitronensaft untermischen, mit Salz und Pfeffer würzen. Abgedeckt etwa 30 Min. marinieren.

3. Den Backofen vorheizen. Die Papierförmchen in die Vertiefungen des Muffinblechs setzen oder das Blech dünn fetten.

4. Mehl und Backpulver mischen. Saure Sahne, 80 ml Öl und 1 TL Salz verquirlen. Die Eier einrühren. Die Mehlmischung und die Meeresfrüchte zügig unterrühren.

5. Den Teig in die Blechvertiefungen füllen. Im Backofen bei 180° (Mitte, Umluft 160°) 20–25 Min. backen. 5 Min. im Blech ruhen lassen, herausnehmen und auf einem Kuchengitter auskühlen lassen.

6. Für die Garnitur die Zitrone waschen, abtrocknen und in 12 dünne Spalten schneiden. Die Spalten zum Beträufeln auf die Muffins legen.

🕐 Zubereitung: 25 Min. | 🕐 Marinierzeit: 30 Min.
🕐 Backzeit: 25 Min. | Pro Stück ca.: 165 kcal

Gelingt leicht
200 g Mehl
2 gehäufte TL Backpulver
150 g saure Sahne
80 g geschmolzene Butter
200 g Salsa (scharf, mild oder
exotisch, Fertigprodukt)
1 TL Salz
2 Eier
36 Tortilla-Chips (natur oder
mit Käse, etwa 50 g)
50 g Jalapeños in Scheiben
(aus dem Glas, ersatzweise in
dünne Scheiben geschnittene,
eingelegte Peperoni)
Für die Garnitur:
etwa 250 g Käsesauce für
Tortilla-Chips (Fertigprodukt)
1 Hand voll Korianderblättchen
(ersatzweise glatte Petersilie)
12 Papierförmchen oder
Fett fürs Blech

Muffins »Mexicana«

1. Den Backofen vorheizen. Die Papierförmchen in die Vertiefungen des Muffinblechs setzen oder das Blech dünn fetten.

2. Mehl und Backpulver mischen. Saure Sahne mit Butter, Salsa und Salz verquirlen. Die Eier einrühren. Die Mehlmischung zügig unterrühren.

3. Den Teig in die Blechvertiefungen füllen. Je 3 Tortilla-Chips senkrecht tief hineindrücken, mit den Jalapeños-Scheiben belegen.

4. Die Muffins im Backofen bei 180° (Mitte, Umluft 160°) 20–25 Min. backen. 5 Min. im Blech ruhen lassen, herausnehmen und auf einem Kuchengitter auskühlen lassen.

5. Für die Garnitur etwas Käsesauce auf jedes Muffin geben und mit Korianderblättchen bestreuen.

⏱ Zubereitung: 15 Min.
⏱ Backzeit: 25 Min.   Pro Stück ca.: 260 kcal

Gelingt leicht
250 g gegarte Sojabohnen
200 g Kirschtomaten
4 Frühlingszwiebeln
1 Stück frischer Ingwer (1–2 cm)
2 EL helle Sojasauce
Salz, frisch gemahlener Pfeffer
200 g Mehl
2 gehäufte TL Backpulver
200 g saure Sahne
80 g geschmolzene Butter
2 Eier
12 Papierförmchen oder
Fett fürs Blech

Tipp

Falls Sie keine gegarten Bohnen bekommen: 110 g getrocknete Sojabohnen über Nacht in kaltem Wasser einweichen. Abspülen und in 400 ml Wasser bei geringer Hitze 2 Std. 30 Min. garen.

Asia-Muffins

1. Den Backofen vorheizen. Die Papierförmchen in die Vertiefungen des Muffinblechs setzen oder das Blech dünn fetten.

2. Die Bohnen abbrausen, abtropfen lassen. Tomaten waschen und halbieren. Frühlingszwiebeln waschen, putzen, in 5 mm breite Ringe schneiden. Ingwer schälen und fein reiben. Alles mischen und mit Sojasauce, Salz und Pfeffer würzen.

3. Mehl und Backpulver mischen. Saure Sahne mit Butter und 1 TL Salz verquirlen. Die Eier einrühren. Die Mehl- und Sojabohnenmischung zügig unterrühren.

4. Den Teig in die Blechvertiefungen füllen. Im Backofen bei 180° (Mitte, Umluft 160°) 20–25 Min. backen. 5 Min. im Blech ruhen lassen, herausnehmen und auf einem Kuchengitter auskühlen lassen.

Tipp

Frühlingszwiebeln längs in feine Streifen schneiden, mit kochend heißem Wasser überbrühen und sofort abschrecken. Die Muffins damit vorsichtig wie ein Päckchen einschnüren.

⏱ Zubereitung: 25 Min.
⏱ Backzeit: 25 Min.   Pro Stück ca.: 215 kcal

Tipps und Tricks

Know-how für Muffin-Bäcker

Damit die Muffins auch garantiert gelingen, empfehlen wir Ihnen, beim Nachbacken der Rezepte aus diesem Buch die angegebenen Mengen der einzelnen Zutaten, Backzeiten und -temperaturen genau einzuhalten. Denn schon 1 TL zu viel Backpulver, 2 EL zu viel Milch oder Wasser oder das Verrühren der Zutaten in anderer Reihenfolge kann zu einem komplett misslungenen Backergebnis führen.

Was nicht im Rezept steht

Alle in den Rezepten angegebenen Mengen sind für 12 Muffins berechnet und so ausgelegt, dass Sie ganz bequem durch einfaches Halbieren der Mengen auch nur 6 Stück backen können.

Verwenden Sie Weizenmehl Type 405, wenn nicht anders angegeben. Mischen Sie genau die angegebene Menge Backpulver unter das Mehl, bevor Sie es zugeben. Zu viel Backpulver lässt die Muffins wunderbar aufgehen, doch am Ende der Backzeit fallen sie wieder in sich zusammen.

Eier werden in verschiedenen Gewichtsklassen angeboten. Für die Rezepte in diesem Buch sind Eier der Klasse M optimal.

Ob Sie Papierförmchen in die Vertiefungen des Muffinblechs setzen oder das Blech dünn mit Butter oder Margarine fetten, ist in den meisten Fällen Geschmackssache. Ist eine Variante besser geeignet, steht es im Rezept. Verwenden Sie nur niemals Pflanzenöle zum Einfetten des Muffinblechs, die lassen die Muffins anbacken!

Damit sich Muffins besser aus der Form lösen, nach dem Backen etwas abkühlen lassen – außer anders angegeben – und erst dann herausnehmen. Auf einem Kuchengitter auskühlen lassen.

Die Muffin-Basics

Teige

Die bei uns bekannten Klassiker sind Muffins aus einfachem Rührteig – mit Backpulver als Triebmittel. Sie stammen aus den USA. In England dagegen (hier haben sie ihren Ursprung) bereitet man Muffins aus Hefeteig zu. Die beliebten kleinen Kuchen können aber ebenso aus vielen anderen Teigen und Massen gebacken werden. Das bringt Abwechslung und entlockt auch schon mal Muffin-Experten ein »Ah« oder »Oh«. Damit Ihnen alle Muffins perfekt gelingen, finden Sie nachfolgend für jeden Teig die wichtigsten Basics.

Rührteig

➤ Voraussetzung für herrlich leichte und luftige Muffins ist, dass alle Zutaten zügig verrührt werden. Deswegen sollte alles, was gebraucht wird, griffbereit am Arbeitsplatz stehen.

➤ Trockene Zutaten wie Mehl, Backpulver oder Nüsse miteinander mischen. Bei Bedarf vorher z.B. noch Früchte marinieren, Krokant zubereiten oder Schokolade schmelzen.

➤ Anschließend Zucker mit Milchprodukt, geschmolzener Butter oder Öl, Säfte und Gewürze verquirlen. Die Eier einrühren. Die Masse muss nicht schaumig geschlagen werden.

➤ Die Mehlmischung und eventuell Früchte oder andere vorbereitete Zutaten rasch unterziehen. Nur so lange rühren, bis die trockenen Zutaten feucht sind, sonst wird der Teig zäh.

➤ Den Teig sofort in das vorbereitete Muffinblech füllen und backen, damit die Muffins nicht trocken und schwer werden.

Biskuitteig

➤ Unbedingt tagesfrische Eier verwenden und vor dem Verarbeiten auf Zimmertemperatur erwärmen. Mit den Quirlen des Handrührgeräts die Eiweiße sehr steif schlagen. Die Eigelbe mit Zucker und eventuell etwas Flüssigkeit zu einem hellen, dicklichen Schaum aufschlagen.

➤ Eischnee darauf häufen, das Mehl darüber sieben oder die gemahlenen Nüsse darüber streuen. Mit dem Schneebesen (nicht mit dem Handrührgerät!) locker unter die Schaummasse heben.

➤ Den luftigen Teig sofort in die gefetteten Vertiefungen des Muffinblechs füllen und backen.

Hefeteig

➤ Hefeteig gelingt besonders gut, wenn alle Zutaten Zimmertemperatur haben. Also Hefe, Butter, Eier und Milch unbedingt rechtzeitig aus dem Kühlschrank nehmen. Flüssigkeiten nicht zu heiß zugeben. Hitze und Kälte lassen die Hefepilze absterben.

➤ Während des Arbeitens mit dem Teig darauf achten, dass es keine Zugluft gibt. Das stört die Hefeaktivität.

➤ Je nach gewünschtem Backergebnis den Teig – mit oder ohne Vorteig – ein- oder mehrmals auf das doppelte Volumen aufgehen lassen und wieder zusammenkneten.

➤ Während des Aufgehens die Schüssel mit einem feuchten Tuch abdecken und an einen warmen Ort stellen. Optimal geeignet sind der kurz aufgeheizte und wieder ausgeschaltete Backofen (Hefe liebt etwa 30°) oder das Fensterbrett über der Heizung (ohne Zugluft!).

➤ Mehrfaches Gehen und Kneten macht den Teig besonders feinporig. Das kann man auch erreichen, indem man den Teig über Nacht im Kühlschrank ruhen lässt.

Quark-Öl-Teig

➤ Ähnelt in Geschmack und Konsistenz dem Hefeteig, ist aber wesentlich unkomplizierter zuzubereiten.

➤ Quark wird mit Öl, Ei, Zucker, Salz und dem mit Backpulver gemischten Mehl verknetet.

➤ Ist der Quark sehr feucht, wird der Teig klebrig. Solchen Quark vorher in einem Küchentuch auspressen oder unter den Teig noch etwas Mehl kneten.

Mürbeteig

➤ Wichtig für den Geschmack und die Konsistenz von Mürbeteig ist die Qualität der Butter und deren verwendete Menge. Je mehr Butter im Teig enthalten ist, desto mürber und auch brüchiger wird er und muss deshalb besonders sorgfältig behandelt werden.

➤ Möglichst feinen Zucker verwenden, da grobkörniger das Gebäck schnell brechen lässt. Je mehr Zucker enthalten ist, desto rascher bräunt der Teig. Also beim Backen auf Zeit und Temperatur achten.

➤ Sind Eier im Teig, lässt er sich leichter kneten und verarbeiten, da sie alle Zutaten gut binden. Eiweiß macht den Teig knuspriger, Eigelb mürber. Teige ohne Ei benötigen mehr Fett und bräunen schwerer.

➤ Ebenfalls wichtig für ein gutes Backergebnis: Alle Zutaten müssen kalt sein und rasch verknetet werden. Der Teig wird vor der Weiterverarbeitung in Frischhaltefolie gewickelt für etwa 30 Min. in den Kühlschrank gelegt.

➤ Den gekühlten Mürbeteig auf der leicht bemehlten Arbeitsfläche oder zwischen Frischhaltefolie dünn ausrollen und je nach Rezept verarbeiten. Nicht zu oft zusammenkneten, da er dabei an Qualität einbüßt.

Kartoffelteig

➤ Dieser Teig ist äußerst einfach herzustellen und eine interessante Alternative. Doch nur mehlig kochende Kartoffeln geben dem Teig die richtige Konsistenz.

➤ Die Kartoffeln garen, heiß durch die Presse drücken und abkühlen lassen. Dann mit Mehl und Eiern rasch und kurz zu einem Teig zusammendrücken.

➤ Ist der Teig zu klebrig, noch ein wenig Mehl einarbeiten.

➤ Kartoffelteig wird schnell weich und sollte deswegen kurz vor der Verarbeitung zubereitet und nicht unnötig geknetet werden. Den Teig daher auch nicht ruhen lassen.

Blätterteig

➤ Blätterteig selbst herzustellen lohnt sich nicht. Das ist viel zu aufwändig. Zudem gibt es Blätterteig in bester Qualität frisch oder tiefgekühlt in jedem Supermarkt.

➤ Die gefrorenen Teigplatten nebeneinander auf die Arbeitsfläche legen und auftauen lassen.

➤ Die Platten anschließend aufeinander legen (eventuell anfeuchten, damit sie besser zusammenhalten) und ausrollen. Unbedingt beachten: Den Teigroller dabei immer nur senkrecht und waagrecht zum Teig führen, nie diagonal. Nur so geht der Teig später schön blättrig auf. Auch Teigreste nicht verkneten, sondern aufeinander legen und auswellen.

➤ Blätterteig immer bei hoher Temperatur (220° und höher) und ausreichend lang backen. Zusätzlich während der ersten Hälfte der Backzeit nicht die Ofentüre öffnen. Nur so wird das Gebäck locker und leicht und schmeckt nicht talgig.

Muffinbleche

➤ Gibt es in zahlreichen Formen, diversen Größen und aus unterschiedlichen Materialien. Die Standardbleche kann man im gut sortierten Supermarkt, teilweise auch bei Discountern kaufen. Spezielle Muffinbleche sind im Haushaltswarengeschäft oder der Haushaltswarenabteilung von Kaufhäusern erhältlich.

➤ Zu empfehlen sind Bleche mit Antihaftbeschichtung (Silikonharz ist besonders strapazierfähig), die nur ganz dünn gefettet werden müssen. Aus ihnen lösen sich die Muffins besonders gut.

➤ Weiß- oder Schwarzblechformen sollten Sie immer gut fetten, damit das Herausnehmen des Gebäcks problemlos funktioniert. Noch besser: Papierförmchen in die Vertiefungen setzen.

Standard-Muffinblech

Dieses Blech hat 12 Vertiefungen mit einem Fassungsvermögen von je 100 ml und 7,5 cm Ø. Damit wurden alle Muffins aus diesem Buch gebacken. Gibt es auch mit nur 6 Vertiefungen.

Mini-Muffinblech

Ideal für Muffin-Snacks – ein Blech mit 12 oder 24 kleinen Vertiefungen und 4,5 cm Ø.

XXL-Blech

Wird auch als Texasform verkauft. Das Blech hat 6 sehr große Vertiefungen und ist für wahre Muffin-Freaks gedacht, die gerne mehr in der Hand haben.

Flexible Muffinform

Diese Formen sind aus biegsamem Silicon gefertigt und müssen nur vor dem ersten Backen gefettet werden. Die Muffins lassen sich nach dem Backen optimal herausnehmen, bräunen allerdings nicht so gut. Beachten Sie unbedingt die Herstellerangaben.

Muffinblech in Sonderformen

Mit diesen Blechen lassen sich Muffin-Sterne, -Herzen und -Kränze zaubern – ideal für besondere Anlässe oder als Mitbringsel.

Papierförmchen oder Fett

➤ Muffinbleche ohne Antihaftbeschichtung sollten stets gefettet oder mit Papierförmchen bestückt werden. Bei Blechen mit Beschichtung ist das Fetten nicht unbedingt notwendig, allerdings empfehlenswert.

➤ Je nach Teig oder Muffin-Art eignen sich Papierförmchen oder Einfetten besser. Die optimale Variante ist jeweils im Rezept angegeben.

Muffins selbst kreieren

Backofen

Ober- und Unterhitze
Alle Temperatur- und Zeitangaben beziehen sich auf Backen mit Ober- und Unterhitze. Für diese Garmethode ist das Vorheizen unbedingt notwendig.

Backen mit Umluft
Die entsprechende Umlufttemperatur ist etwa 10 % geringer und jeweils in Klammern angegeben. Normalerweise kann beim Backen mit Umluft auf das Vorheizen verzichtet werden. Dies gilt jedoch nicht für Muffins. Damit sie perfekt aufgehen und locker werden, sollten sie während ihrer kurzen Backzeit stets die richtige Temperatur nutzen können.

Gasherde
Die Temperaturen bei Gasherden variieren von Hersteller zu Hersteller. Welche Stufe Ihres Herdes der jeweils angegebenen Temperatur entspricht, entnehmen Sie bitte der Gebrauchsanweisung Ihres Geräts.

Backtemperaturen und -zeiten
Die meisten Muffins werden bei 180° (Umluft 160°) 20–25 Min. gebacken, abweichende Temperaturen und Zeiten stehen im jeweiligen Rezept. ACHTUNG: Bei allen Herden kann es zu herstellerbedingten Abweichungen der Backtemperatur kommen. Dadurch kann die Backdauer etwas länger oder kürzer sein als angegeben. Deswegen ist es empfehlenswert, eine Garprobe (Stäbchenprobe) schon kurz vor Ende der Garzeit zu machen und nochmals, bevor Sie die Muffins aus dem Ofen nehmen.

In der Tabelle finden Sie Basis-Zutaten und -Mengen für 12 Standard-Muffins. Damit können Sie Ihre ganz eigenen kleinen süßen Kuchen zusammenstellen. Viel Spaß beim Ausprobieren!

	12 Muffins einfach	12 Muffins mit Extras
Basis Mehl Type 405 oder 1050 oder Vollkornmehl evtl. gemischt mit gemahlenen Nüssen	250 g	200 g
Backpulver	2 gehäufte TL	2 gehäufte TL
Süßungsmittel weißer oder brauner Zucker Puderzucker Vollrohrzucker Honig	100–150 g	100–150 g
Aromageber Vanillezucker, Vanillemark Gewürze (z. B. Safran, Piment, Muskatnuss)	nach Belieben	nach Belieben
Milchprodukt Schmand saure Sahne Crème fraîche Joghurt (können jederzeit gegeneinander ausgetauscht werden)	150–200 g	200 g
Fett geschmolzene Butter Öl	80 g	80 g
Eier (ersatzweise 2 Eiweiße)	2	2
Flüssigkeit Liköre, Brände, Wein Fruchtsäfte Milch, Buttermilch	30–75 ml (+ etwa 100 ml bei Vollkornmehl)	— (etwa 50 ml bei Vollkornmehl)
Extras Früchte und Gemüse (geputzt und zerkleinert), gehackte Nüsse oder Nusskerne, Sonnenblumen- oder Kürbiskerne	—	300 g

Was Muffins hübscher macht

Einfacher Puderzuckerguss
➤ Für 12 Muffins 100 g Puderzucker mit 2–4 EL Flüssigkeit verrühren. Den Guss mit einem Pinsel auf die Muffins streichen oder mit einem Löffel in Linien darüber verteilen. Trocknen lassen.
➤ Zitronensaft macht den Guss leicht säuerlich, Kirschsaft gibt Farbe und Alkohol ein spezielles Aroma.

Dickliche Eiweißglasur
➤ 1 Eiweiß mit 150–200 g Puderzucker weiß und dicklich aufschlagen. Nach Belieben mit ein paar Tropfen Lebensmittelfarbe einfärben.
➤ Die Glasur in einen kleinen Gefrierbeutel füllen und eine sehr kleine Ecke abschneiden. Beliebige Mustern oder Namen aufmalen.

Schokoladenüberzug und -späne
➤ Für den Überzug Kuvertüre oder Schokolade zerkleinern und im Wasserbad schmelzen lassen. Gleichmäßig über die Muffins laufen lassen.
➤ Für Späne mit einer breiten Messerklinge mit Druck über die glatte Rückseite eines Kuvertüreblocks oder der Schokoladentafel fahren und Späne abziehen. Auf die Muffins streuen.

Zitrusschale
Nur unbehandelte Limetten, Orangen oder Zitronen verwenden und die Früchte heiß waschen.
➤ Für Zitruszesten die Schale hauchdünn abschälen und in feine Streifen schneiden oder mit dem Zestenreißer in feinen Streifen abziehen.
➤ Für Zitruszucker die Schale fein abreiben, mit Zucker mischen und auf die noch heißen Muffins streuen.

Kandierte Blüten und geeiste Beeren
➤ Für kandierte Blüten (z.B. Rosen) 1 Eiweiß mit 1 EL Wasser verrühren und die Blütenblätter damit dünn einpinseln. Mit Zucker bestreuen und an einem warmen Ort trocknen lassen.
➤ Für geeiste Früchte, z.B. Erdbeeren, Himbeeren oder Johannisbeerrispen ebenfalls dünn mit Eiweiß oder mit Zitronensaft bepinseln und mit Zucker bestreuen. Trocknen lassen.

Aprikotieren
➤ 200 g Aprikosenkonfitüre mit 2–3 EL Weinbrand, Aprikosenlikör oder Wasser verrühren und aufkochen. Durch ein Sieb streichen und die Muffins gleichmäßig damit überziehen.
➤ Verleiht eine glänzende Oberfläche, hält Früchte frisch und gibt zusätzlich Aroma und Feuchtigkeit.

Dekomaterial

Papierförmchen
Gängig sind die Förmchen in Weiß. Es gibt sie aber auch in vielen Farben und mit den unterschiedlichsten Mustern und Motiven (schlichte Streifen, bunte Luftballons, kleine und große Tupfen). Da ist für jeden Geschmack und Anlass etwas dabei. In das Blech geben oder die fertig gebackenen Muffins hineinsetzen.

Kugeln, Perlen, Streusel, Plättchen
Werden aus Fondant geformt und bei Bedarf mit einer Farb- bzw. Zuckerglasur überzogen. Gibt es in diversen Größen und Farben, die Plättchen auch in unterschiedlichen Formen (Herzen, Buchstaben, Blümchen, Kreise und viele andere Motive). Auf die noch weiche Puderzuckerglasur oder Schokolade aufstreuen.

Schokoladendekor
Mit Blüten und Blättern, Buchstaben, Herzen und Fächern aus Schokolade lassen sich alle Muffins im Handumdrehen verschönern. Einfach auflegen oder leicht hineindrücken.

Marzipan- oder Zuckerdekor
Gebrauchsfertige Möhren, Hasen, Blumen aus gefärbtem Marzipan oder Zuckerguss. Auch schnell selbst gemacht: Marzipan mit Lebensmittelfarbe entsprechend einfärben und das gewünschte Motiv formen. Oder gefärbtes Marzipan dünn auswellen und mit kleinen Förmchen unterschiedliche Motive ausstehen.

Muffins-Vorrat

Gebackene Muffins lagern
Frisch schmecken die kleinen süßen Kuchen am allerbesten. In einer gut verschlossenen, luftdichten Box oder einem Gefrierbeutel halten Muffins an einem kühlen Ort bis zu 1 Woche, in der Tiefkühltruhe mindestens 6 Monate. Vor dem Verzehr ganz kurz bei voller Leistung in der Mikrowelle oder im auf 200° vorgeheizten Backofen erwärmen. So erhalten sie Aroma und Konsistenz wie frisch gebacken.

Muffinteig in Reserve
Ideal, wenn Sie spontan Besuch bekommen oder Lust auf frische Muffins haben: Muffin-Standardteig rühren, mit den Extrazutaten mischen und in das mit Papierförmchen ausgelegte Blech füllen. Im Tiefkühler komplett durchfrieren lassen. In Gefrierboxen umfüllen und im Gefrierfach aufbewahren. Die Muffins bei Bedarf wieder in die Vertiefungen des Muffinblechs setzen, in den vorgeheizten Ofen schieben und, wie im Rezept angegeben, backen. Die Backzeit verlängert sich um etwa 10 Min.

Muffins backen – schwierig/leicht?

Ein Hinweis bei jedem Rezept gibt Auskunft über den Schwierigkeitsgrad.

Gelingt leicht: Die Zubereitung ist völlig unkompliziert. Die Zutaten werden verrührt, der Teig in die Form gefüllt und gebacken.
Für Hobbybäcker: Das Muffinsbacken ist zwar ein wenig aufwändiger, aber dennoch relativ einfach.
Für Geübte: Bei diesen Muffins braucht es ein bisschen Geduld und etwas Geschicklichkeit.

Kleines Glossar von A–Z

Ahornsirup
Saft, der aus den Stämmen junger Ahornbäume gezapft und eingedickt wird. Je heller der Sirup ist (bernsteinfarben), desto besser ist seine Qualität. Der Sirup ist eine nordamerikanische Spezialität. Bei uns findet man ihn im Spezialitätenregal des Supermarkts.

Backpulver
Triebmittel für nicht zu schwere Teige. Besteht aus Natron (Natriumhydrogencarbonat) und sauren Natrium- oder Kaliumsalzen. Beides lässt den Teig während des Backens (wird aber bereits beim Unterrühren wirksam) durch Entwicklung von Kohlensäure (Kohlendioxid) aufgehen.

Bacon
Englische Bezeichnung für Speck. Wird meistens in länglichen, dünnen Scheiben angeboten – gepökelt, geräuchert oder ungeräuchert. Stammt vom mageren hinteren Teil des jungen, besonders geeigneten Baconschweins. Wird beim Braten schön knusprig.

Brauner Zucker
Der hauptsächlich im Supermarkt erhältliche »Braune Zucker« ist weißer raffinierter Zucker, der durch die Zugabe von Melasse seine braune Farbe erhält. Brauner Zucker aus dem Bio-Laden wird dagegen nicht raffiniert und ist hochwertiger, da er neben süßenden Kohlenhydraten auch noch Vitamine und Mineralstoffe enthält. Er wird als »Ursüße« oder »Rapadura« verkauft und hat eine geringere Süßkraft als weißer Zucker.

Cashewnüsse
Steinfrucht des in Südamerika beheimateten Cashew-Baumes, der mittlerweile auch in Indien und Afrika wächst. Ihren Namen »caju« erhielt die Nuss von den Tapu-Indianern. Die leicht süßlich-mandelartig schmeckenden Cashews werden geschält angeboten. Die äußerst harte Schale enthält den giftigen Stoff CNSL, der bei der Lackherstellung Verwendung findet.

Cheddar
Hartkäse, der ursprünglich aus England stammt, mittlerweile aber auch in Neuseeland, Kanada und den USA hergestellt wird. Schottischer Cheddar hat oft einen kräftigen Orangeton, da er mit Annatto (natürlicher Farbstoff aus den Samen des Orlean-Strauches) gefärbt wird. Guter Cheddar reift bis zu 2 Jahren und hat dann ein unvergleichlich nussig-süßliches Aroma.

Garam masala
Stammt aus Indien und bedeutet Gewürzmischung. Verschiedene Gewürze werden vom Koch nach Gusto zusammengestellt, frisch angeröstet, im Mörser fein gemahlen und dem Gericht beigegeben – vor oder nach dem Garen. Farbe und Geschmack der Gewürzmischung schwanken deswegen. Fast immer enthalten sind Kreuzkümmel, Kardamom und Pfeffer. Dazu können Zimt, Muskat, Nelke, Koriander, Chili und so manch anderes Gewürz kommen. Bei uns gibt es fertige Mischungen zu kaufen. Was genau enthalten ist, kann man der Packungsangabe entnehmen.

Macadamianüsse
Samen des aus Australien stammenden Macadamia-Baumes. Die Nüsse haben ein sehr feines, unaufdringliches Aroma und eine zarte Konsistenz, außerdem enthalten sie kein Cholesterin. Macadamias werden stets geschält angeboten, da ihre Schalen per Hand nicht leicht zu knacken sind.

Marshmallows
Die weißen oder pastell eingefärbten Schaumbällchen werden aus Stärke, Zucker, Eiweiß, Gelatine oder Gummi arabicum hergestellt. Damit sie nicht zusammenkleben, sind sie fein eingepudert. Ihren Namen haben sie von der Marshmallow-Pflanze (Malvengewächs), aus deren Wurzelextrakt die Nascherei früher hergestellt worden ist. Heimat der Marshmallows sind die USA, wo sie auch aus der Küche nicht mehr wegzudenken sind.

Ricotta
Die bei der Käseherstellung anfallende Kuh-, Schaf- oder Büffelmilchmolke wird erhitzt und mit Gerinnungsmittel versetzt, sodass sich das geronnene Eiweiß absetzt. Aus diesem puren Molke-Eiweiß entsteht der leicht süßliche, ungesalzene, cremige Frischkäse Ricotta. Er muss rasch verbraucht werden. Älterer, pikanter Ricotta reift als Laib mehrere Monate im Holzbehälter.

Rosenwasser
Diese sehr feine Essenz entsteht, wenn aus mehreren 1000 Kilo duftender Rosenblütenblätter durch Wasserdampfdestillation Rosenöl gewonnen wird. Vor allem in arabischen Ländern parfümiert Rosenwasser Gebäck, Süßspeisen und Liköre, verleiht aber auch pikanten Gerichten eine ganz spezielle Note. Heute wird Rosenwasser auch oft hergestellt, indem man 250 ml destilliertes Wasser mit 1 Tropfen Rosenöl anreichert.

Damit Sie Rezepte mit bestimmten Zutaten noch schneller finden, stehen in diesem Register zusätzlich auch beliebte Zutaten wie Äpfel, Nüsse oder Schokolade – ebenfalls alphabetisch geordnet und halbfett gedruckt – über den entsprechenden Rezepten.

A

American-Cheesecake-Muffins 74
Ananas: Geminzte Ananas-Muffins 33
Apfel-Senf-Muffins 118
Äpfel
  Bircher-Müsli-Muffins 10
  Cidre-Muffins 60
  Tarte-Tatin-Muffins 66
Aprikosen
Süße Polenta-Muffins 104
Wildreis-Aprikosen-Muffins 12
Arme-Ritter-Muffins 61
Asia-Muffins 130

B

Baked-Potatoes-Muffins 114
Baklava-Muffins 76
Bananen
  Fruchtige Walnuss-Brot-Muffins 106
  Karibik-Muffins 74
Basilikum: Erdbeer-Basilikum-
  Muffins 20
Beeren-Crumble-Muffins 72
Beschwipste Earl-Grey-Muffins 42
Bienenkorb-Muffins 40
Bircher-Müsli-Muffins 10
Birnen
  Crazy-Popkorn-Muffins 85
  Muffins »Helene« 48
  Schoko-Crunch-Muffins 10
  Shortbread-Muffins 60
  Ziegenkäse-Birnen-Muffins 118
Birnen-Pfeffer-Muffins 20
Blätterteig
  Baklava-Muffins 76
  Himbeer-Sahne-Muffins 38
  Muffins »Wellington Art« 122
  Tarte-Tatin-Muffins 66
Blind-Date-Muffins 34
Blueberry-Muffins 28
Blue-Nil-Muffins 78
Buttrige Germ-Muffins 64

C

Campari-Cooler-Muffins 84
Cheddar-Muffins 124

Cidre-Muffins 60
Crazy-Nuts-Muffins 98
Crazy-Popkorn-Muffins 85
Croissants: Zwetschgen-Croissant-
  Muffins 38

E

Ein-Hauch-von-Provence-Muffins 24
Elisen-Muffins 54
Erdbeer-Basilikum-Muffins 20
Erdbeeren: Trifle-Muffins 70
Espresso
  L'altro-Mondo-Muffins 86
  Latte-macchiato-Muffins 88
  Nougat-Latte-Muffins 88
  Tiramisu-Muffins 68

F

Feigen-Quark-Muffins 18
Fit-for-Fun-Muffins 100
Focaccia-Muffins 116
Frittata-Muffins 114
Fruchtige Walnuss-Brot-Muffins 106

G

Garam-masala-Muffins 9
Geminzte Ananas-Muffins 33
Geröstete Maronen-Muffins 26
Getränkte Sirup-Muffins 42
Glamour-Muffins 52
Gratinierte Pfirsich-Muffins 108
Grissini-Muffins 112

H

Hefeteig
  Buttrige Germ-Muffins 64
  Focaccia-Muffins 116
  Fruchtige Walnuss-Brot-Muffins 106
  Nuss-Spiralen-Muffins 46
  Pide-Muffins 113
  Tapas-Muffins 122
Heidelbeeren: Blueberry-Muffins 28
Himbeer-Sahne-Muffins 38

Holler-Muffins 36
Holunderblütensirup selbst gemacht
  (Tipp) 36
Honig
  Baklava-Muffins 76
  Bienenkorb-Muffins 40
  Blue-Nil-Muffins 78
Honig-Mandel-Muffins 8
Hot-Bangkok-Muffins 80

K

Käse
  Cheddar-Muffins 124
  Kürbis-Parmesan-Muffins 124
  Scharfe Pie-Muffins 120
  Ziegenkäse-Birnen-Muffins 118
Karamellsauce selbst gemacht (Tipp) 86
Karibik-Muffins 74
Kartoffeln
  Baked-Potatoes-Muffins 114
  Frittata-Muffins 114
Kirsch-Marzipan-Muffins 22
Kirsch-Pudding-Muffins 102
Kokos-Baiser-Muffins 22
Kraut-und-Rüben-Muffins 126
Krokant-Muffins 8
Kürbis: Sweet-Pumpkin-Muffins 92
Kürbis-Parmesan-Muffins 124

I

L'altro-Mondo-Muffins 86
Lachs-Meerrettich-Muffins 128
Längste-Praline-der-Welt-Muffins 14
Latte-Macchiato-Muffins 88
Limetten-Sauerrahm-Muffins 16
Love-Hearts-Muffins 52

M

Macadamia-Muffins 92
Mandeln
  Baklava-Muffins 76
  Bienenkorb-Muffins 40
  Bircher-Müsli-Muffins 10
  Elisen-Muffins 54

Honig-Mandel-Muffins 8
Mohr-im-Hemd-Muffins 62
Muffins »Sacher Art« 90
Rosen-Muffins 50
Rübli-Muffins 62
Mango: Ricotta-Mango-Muffins 96
Margherita-Muffins 68
Marillen-Muffins 94
Maronen: Geröstete Maronen-
   Muffins 26
Marzipan
   Kirsch-Marzipan-Muffins 22
   Love-Hearts-Muffins 52
   Nuss-Spiralen-Muffins 46
Meerrettich: Lachs-Meerrettich-
   Muffins 128
Melonen-Preiselbeer-Muffins 104
Mint-Chocolate-Chip-Muffins 61
Mixed-Seafood-Muffins 128
Mohn: Orangen-Mohn-Muffins 33
Mohr-im-Hemd-Muffins 62
Muffin-Eis-Sandwiches 85
Muffins brûlés 66
Muffins »Helene« 48
Muffins im Gras-Körbchen (Tipp) 56
Muffins im Heu-Nest (Tipp) 56
Muffins im Karamell-Nest (Tipp) 56
Muffins im Nest 56
Muffins im 12er-Pack (Tipp) 56
Muffins »Melba« 48
Muffins »Mexicana« 130
Muffins »Olé« 72
Muffins »Sacher Art« 90
Muffins »Wellington Art« 122

N
Nougat-Latte-Muffins 88
Nuss-Spiralen-Muffins 46
Nüsse
   Baklava-Muffins 76
   Blue-Nil-Muffins 78
   Crazy-Nuts-Muffins 98
   Elisen-Muffins 54
   Fruchtige Walnuss-Brot-Muffins 106
   Krokant-Muffins 8
   Macadamia-Muffins 92
   Margherita-Muffins 68
   Safran-Pinienkern-Muffins 26
   Salty-Nuts-Muffins 112
   Süße Sushi-Muffins 80

O
Obstgarten-Muffins 44
Orangen-Mohn-Muffins 33
Orient-Muffins 78

P
Parfait-Muffins 44
Parmesan: Kürbis-Parmesan-
   Muffins 124
Pastis-Flip-Muffins 32
Peperonata-Muffins 126
Pfirsich
   Gratinierte Pfirsich-Muffins 108
   Muffins »Melba« 48
Pflaumen-Joghurt-Muffins 18
Pide-Muffins 113
Portwein-Schoko-Muffins 32
Preiselbeeren: Melonen-Preiselbeer-
   Muffins 104

Q
Quark: Feigen-Quark-Muffins 18

R
Ricotta-Mango-Muffins 96
Rosenbowle (Tipp) 50
Rosen-Muffins 50
Rote-Linsen-Muffins 113
Rübli-Muffins 62

S
Safran-Pinienkern-Muffins 26
Sahne-Toffee-Muffins 14
Salty-Nuts-Muffins 112
Sauerrahm: Limetten-Sauerrahm-
   Muffins 16
Scharfe Pie-Muffins 120
Schoko-Crunch-Muffins 10
Schokolade
   Crazy-Nuts-Muffins 98
   Margherita-Muffins 68
   Mint-Chocolate-Chip-Muffins 61
   Mohr-im-Hemd-Muffins 62
   Muffins »Helene« 48
   Muffins »Sacher Art« 90
   Portwein-Schoko-Muffins 32
   Spice-Lime-Tequila-Muffins 100
   Süße-Sünde-Muffins 34
   White-Chocolate-Muffins 98
Shortbread-Muffins 60

Spice-Lime-Tequila-Muffins 100
Süße Polenta-Muffins 104
Süße-Sünde-Muffins 34
Süße Sushi-Muffins 80
Sweet-Pumpkin-Muffins 92

T
Tapas-Muffins 122
Tarte-Tatin-Muffins 66
Tiramisu-Muffins 68
Trifle-Muffins 70
Trockenfrüchte
   Blue-Nil-Muffins 78
   Elisen-Muffins 54
   Feigen-Quark-Muffins 18
   Getränkte Sirup-Muffins 42

V
Vanille-Muffins 9

W
White-Chocolate-Muffins 98
Wildreis-Aprikosen-Muffins 12

X
Xmas-Muffins 54

Z
Ziegenkäse-Birnen-Muffins 118
Zwetschgen-Croissant-Muffins 38

Register nach Kapiteln

Jeden Tag Muffins 6

Honig-Mandel-Muffins 8
Krokant-Muffins 8
Vanille-Muffins 9
Garam-masala-Muffins 9
Schoko-Crunch-Muffins 10
Bircher-Müsli-Muffins 10
Wildreis-Aprikosen-Muffins 12

Längste-Praline-der-Welt-Muffins 14
Sahne-Toffee-Muffins 14
Limetten-Sauerrahm-Muffins 16
Feigen-Quark-Muffins 18
Pflaumen-Joghurt-Muffins 18
Erdbeer-Basilikum-Muffins 20
Birnen-Pfeffer-Muffins 20

Kirsch-Marzipan-Muffins 22
Kokos-Baiser-Muffins 22
Ein-Hauch-von-Provence-Muffins 24
Safran-Pinienkern-Muffins 26
Geröstete Maronen-Muffins 26
Blueberry-Muffins 28

Sonntags-Muffins 30

Portwein-Schoko-Muffins 32
Pastis-Flip-Muffins 32
Orangen-Mohn-Muffins 33
Geminzte Ananas-Muffins 33
Blind-Date-Muffins 34
Süße-Sünde-Muffins 34
Holler-Muffins 36
Zwetschgen-Croissant-Muffins 38

Himbeer-Sahne-Muffins 38
Bienenkorb-Muffins 40
Beschwipste Earl-Grey-Muffins 42
Getränkte Sirup-Muffins 42
Parfait-Muffins 44
Obstgarten-Muffins 44
Nuss-Spiralen-Muffins 46
Muffins »Melba« 48

Muffins »Helene« 48
Rosen-Muffins 50
Love-Hearts-Muffins 52
Glamour-Muffins 52
Elisen-Muffins 54
Xmas-Muffins 54
Muffins im Nest 56

Muffins aus aller Welt 58

Shortbread-Muffins 60
Cidre-Muffins 60
Mint-Chocolate-Chip-Muffins 61
Arme-Ritter-Muffins 61
Rübli-Muffins 62
Mohr-im-Hemd-Muffins 62
Buttrige Germ-Muffins 64

Tarte-Tatin-Muffins 66
Muffins brûlés 66
Tiramisu-Muffins 68
Margherita-Muffins 68
Trifle-Muffins 70
Beeren-Crumble-Muffins 72
Muffins »Olé« 72

American-Cheesecake-Muffins 74
Karibik-Muffins 74
Baklava-Muffins 76
Orient-Muffins 78
Blue-Nil-Muffins 78
Hot-Bangkok-Muffins 80
Süße Sushi-Muffins 80

Muffins voll im Trend 82

Cuba-Libre-Muffins 84
Campari-Cooler-Muffins 84
Crazy-Popkorn-Muffins 85
Muffin-Eis-Sandwiches 85
L'altro-Mondo-Muffins 86
Latte-Macchiato-Muffins 88
Nougat-Latte-Muffins 88

Muffins »Sacher Art« 90
Sweet-Pumpkin-Muffins 92
Macadamia-Muffins 92
Marillen-Muffins 94
Ricotta-Mango-Muffins 96
White-Chocolate-Muffins 98
Crazy-Nuts-Muffins 98

Fit-for-Fun-Muffins 100
Spice-Lime-Tequila-Muffins 100
Kirsch-Pudding-Muffins 102
Melonen-Preiselbeer-Muffins 104
Süße Polenta-Muffins 104
Fruchtige Walnuss-Brot-Muffins 106
Gratinierte Pfirsich-Muffins 108

Pikante Muffins 110

Salty-Nuts-Muffins 112
Grissini-Muffins 112
Pide-Muffins 113
Rote-Linsen-Muffins 113
Baked-Potatoes-Muffins 114
Frittata-Muffins 114
Focaccia-Muffins 116

Ziegenkäse-Birnen-Muffins 118
Apfel-Senf-Muffins 118
Scharfe Pie-Muffins 120
Muffins »Wellington Art« 122
Tapas-Muffins 122
Kürbis-Parmesan-Muffins 124
Cheddar-Muffins 124

Kraut-und-Rüben-Muffins 126
Peperonata-Muffins 126
Lachs-Meerrettich-Muffins 128
Mixed-Seafood-Muffins 128
Muffins »Mexicana« 130
Asia-Muffins 130

DAS NEUE BACKVERGNÜGEN

Verführerisch, unkompliziert und einfach gut.

ISBN 3-7742-6496-1

ISBN 3-7742-6073-7

ISBN 3-7742-6074-5

ISBN 3-7742-6495-3

ISBN 3-7742-6497-X

144 Seiten, 14,90 € [D]

Die Reihe für unkomplizierten Backspaß – für alle, die sich und ihre Gäste gerne mit immer neuen Ideen aus der Backstube verwöhnen.

Änderungen und Irrtum vorbehalten.

Gutgemacht. Gutgelaunt.

Impressum

© 2004 GRÄFE UND UNZER VERLAG GmbH München. Alle Rechte vorbehalten. Nachdruck auch auszugsweise, sowie durch Verbreitung durch Film, Funk, Fernsehen und Internet, durch fotomechanische Wiedergabe, Tonträger und Datenverarbeitungssysteme jeder Art nur mit schriftlicher Genehmigung des Verlages.

Programmleitung: Doris Birk
Leitende Redakteurin:
Birgit Rademacker
Redaktion: Anne Taeschner
Lektorat: Petra Teetz
Korrektorat: Mischa Gallé
Umschlaggestaltung: Independent Medien Design
Fotografie: Fotostudio L'EVEQUE, München
Produktion: Susanne Mühldorfer
Satz: Redaktionsbüro Kempe, München
Reproduktion: Fotolito Longo, Bozen
Druck: Appl, Wemding
Bindung: Conzlla, Pfarrkirchen

ISBN 3-7742-6496-1

Auflage	4.	3.	2.	1.
Jahr	2007	06	05	04

Christina Kempe

Christina Kempe war nach dem Studium der Ernährung und Hauswirtschaft in zahlreichen namhaften Verlagen, Fotostudios und einer Food-PR-Agentur tätig. Seit einigen Jahren arbeitet sie in ihrem Münchner Büro als freie Autorin, Beraterin und Redakteurin für renommierte Buch- und Zeitschriftenverlage sowie für Industriekunden. Als Food-Stylistin zeigt sie, was außerdem an Kreativität in ihr steckt. Inzwischen sind mehrere Bücher von ihr erschienen.

Fotostudio L'EVEQUE

Food Fotografie

Harry Bischof und Tanja Major (Food & Styling) arbeiten schon lange intensiv für Werbung, Bücher und Zeitschriften im Foodbereich. Es assistieren Krisztina Babics und Hannelore Bellini. In der Innenstadt Münchens kreiert das 4-köpfige Team Foodaufnahmen mit erfrischendem Licht und appetitanregendem, trendigem Styling.

Das Original mit Garantie

Ihre Meinung ist uns wichtig. Deshalb möchten wir Ihre Kritik, gerne aber auch Ihr Lob erfahren. Um als führender Ratgeberverlag für Sie noch besser zu werden. Darum: Schreiben Sie uns! leserservice@graefe-und-unzer.de Wir freuen uns auf Ihre Post und wünschen Ihnen viel Spaß mit Ihrem GU-Ratgeber.

Unsere Garantie: Sollte ein GU-Ratgeber einmal einen Fehler enthalten, schicken Sie uns das Buch mit einem kleinen Hinweis und der Quittung innerhalb von sechs Monaten nach dem Kauf zurück. Wir tauschen Ihnen den GU-Ratgeber gegen einen anderen zum gleichen oder ähnlichen Thema um.

Ihr GRÄFE UND UNZER VERLAG
Kochen & Verwöhnen
Postfach 86 03 25
81630 München
Fax: 089/41981-113
E-Mail: leserservice@
graefe-und-unzer.de

GRÄFE UND UNZER

Ein Unternehmen der
GANSKE VERLAGSGRUPPE